幸せになる覚悟

夫婦がうまくいくための考え方

東野純彦
Tono Atsuhiko

幻冬舎MC

はじめに

この本では、私が産婦人科医としてさまざまな夫婦を見てきた経験から、「幸せな夫婦になるための考え方」をまとめています。

私はこれまで約40年にわたって、3万件近くのお産に立ち会ってきました。無事にお産を終え、生まれたばかりの我が子を抱きかかえる夫婦は、皆幸せに溢れており、その幸せは永遠に続くように思えます。

しかし現実には子どもが生まれたあとに、性格の不一致や経済的な問題、配偶者の浮気などが原因で、結婚生活が長く続かない夫婦も少なくありません。厚生労働省の2020年度調査によると、離婚する夫婦は1年間で約19万3000組で、婚姻数から算出すると3組に1組が離婚している計算です。離婚までには至らなくても、冷え切った関係になってしまっている夫婦は、かなりの割合にのぼります。そんな夫婦を取り巻く現状を見ているなかで、夫婦が不仲になる最大の原因は「産後クライシス」にあると私は考えています。

産後クライシスとは妊娠や分娩によって起こる身体やホルモンバランスの変化に伴い、産後の母親が精神バランスを崩し、夫婦仲に悪影響を起こしてしまうことです。メディアでも取り上げられるようになって認知は広がりましたが、まだ十分とはいえません。

そこで私は、産後クライシスについて最も理解を深めてほしい出産を控えた妻をもつ男性たちに向けて、前著『知っておくべき産後の妻のこと』を3年前に上梓しました。

発行後は「出産後、感情の起伏が激しくなった妻に戸惑っていたけれど、その背景がよく分かった」「相手を理解して言葉を選ぶようになってから、妻の笑顔が増えた」「産前に予習ができたので、産後の妻の変化にも余裕をもって向き合うことができた」など予想以上にたくさんの反響が届きました。

一方、女性の反応は大きく二つに分かれていました。「先生のおっしゃるとおりなんです。今までずっと夫に対して我慢してきました」と長年の不満を打ち明ける方もいれば、

「今まで夫が悪いと思っていましたが、私も悪かったのだと気がつきました」と反省していた方もいます。

いずれにせよ私は、妊娠から出産、そこからの育児の期間が、その後の夫婦関係を左右する極めて重要な期間であるという持論について、さらに強く確信したのでした。


産後の女性を支えるコミュニティがしっかりしていた一昔前と違い、現代では産後の妻を支えられるのは一緒に暮らす夫だけというケースが多く、最も支えてほしい時期に夫に助けてもらえなかったというつらい経験は、その後何十年と続く結婚生活に暗い影を落とします。

そんな夫婦不和の根っことなる問題を解消するため、私は2000年から自院内で「父親教室」を開催し、夫婦の問題に向き合ってきました。しかし、2019年以降新型コロナウイルス感染症の影響で教室は中止となり、健診時の付き添いや立ち会い出産までも制限せざるを得ませんでした。

そんな状況で気がかりなのは初めて父親となる男性たちです。女性だけでなく男性の

「産後うつ」が問題視されるようになったことで今まで以上に男性へのサポートが必要だと思い、再び筆を執りました。もちろん、意識を変えなければならないのは、夫だけではありません。妻の側も男性の特性をよく理解して、言動を改善していく必要があります。互いの理解、譲り合い、歩み寄りなしに、夫婦の良い関係は持続できないからです。

この本を届けたいのは結婚したばかりの夫婦や出産を控えている夫婦、あるいはこれから結婚を予定している方々ですが、すでに子どもが大きくなり結婚生活20年、30年と長い道のりを歩んできた夫婦にも読んでいただきたい、そしてすでに離婚を考えているという方にも手に取ってほしいと強く願っています。

私は単純に離婚がいけないことだと思っているわけではありません。ともに暮らすのが苦しいのに子どものためと我慢して夫婦生活を継続することが正しいことだとも思いません。ただ、今の日本では親一人での子育てがしづらい環境であることは事実です。本来は親が離婚していることや親が結婚していないことが子どものハンディにならない社会になるべきですが、そんな社会が実現するまでにはしばらく時間を要するでしょう。だからこそ、結婚して子どもを授かるからには末永く仲の良い夫婦であってほしいと思います。

もちろん、話は法律的な夫婦に限ったものではありません。家族はさまざまな形態がありますので、本書で「夫婦」と表現するとき、必要であればパートナーと読み替えてください。また、男女の違いに言及しますが、同性間にも適用できることも少なくないはずです。

この本を通して1組でも多くの夫婦がお互いを理解し、幸せになる覚悟をもち、より良い人生を送る契機としていただければ、著者としてこれほどうれしいことはありません。

幸せになる覚悟　夫婦がうまくいくための考え方　目次

はじめに　3

［PART 1］年間約20万組が離婚

愛し合って結婚したはずの二人がなぜ別れるのか？

幸せな生活の継続のために最も大切なものは愛情ではない？　14

離婚の理由ナンバーワンは「性格が合わない」　15

日本人の特性が結婚生活を邪魔している？　17

人生100年時代の結婚――時代とともに子育ても変わった　19

「お手本がない時代」の夫婦生活と子育てとは？　23

育児の男女平等が広がらない本当の理由　29

育児は人間に与えられた最も難しい仕事　31

結婚で最も大切なのは愛情ではなく覚悟　32
妻と夫が互いに支え合い成長していく覚悟をもつ

［PART 2］

幸せな夫婦になるための考え方

【警鐘のパート】
仕事ができるあなたほど要注意　40
男性は女性の産後の変化に乗り遅れないで！　44
女性のみなさん、夫の居場所を奪わないで！　48

【解決策のパート】
「産後うつ」は夫婦で乗り越える　53
男と女はまったく違う生き物だと心得よ　59
妻の話にはアドバイスではなく「共感」を　63
夫の無口は「休養中」と思うべし　68
「里帰り出産」ばかりが正解ではない　71

育児は二人三脚で進めるプロジェクト　77
お互いの得意・不得意を共有し、ルールづくりを楽しんでみる　82
夜泣きの対応は交代制　89
イクメン、家事ダンの落とし穴　93
「怒り」は時間が解決してくれる。怒らない選択を　98
夫婦円満に必要なのは「嫌われる勇気」よりも「好きになる努力」　102
いきなり育児を始めるのは受験勉強せずに東大を受験するようなもの　106
いつまでも「恋人同士」でいたい二人へ。ボーダレス化の危険性　110
「セックスレスが夫婦の危機」は真実？　114
「ちゃんと話し合おう」は危険。「とことん話し合う」は絶対に禁止　118
【今後の二人へ】
子離れできない親に共通すること　123
子どもを幸せにするために、まずは夫婦で幸せになる　126

［PART 3］ 実例に見る夫婦のあり方

夫婦円満に過ごすための産婦人科医からのアドバイス

【体験談1】
赤ちゃんと二人きりだとなぜつらい？ 132
第一子誕生から1歳まで「正直、覚えていない……」 134
家庭のことはすべて二人で考える 136
一人じゃなかったんだ、もっと早く頼ればよかった 138
子育てが楽になったのは、二人が成長したという証 140
【体験談2】
子どもが小さいときほど、奥さんに寄り添う 142
どんなときも愛をもって互いを許し合う 144
感情的になってしまった…… 145
一事が万事のタネ！「ホウレンソウ」をサボらない 148

【体験談3】
何もかも準備不足でケンカ勃発…… 150
第一子出産時、いちばんの心配事は金銭面だった 153
使えるものを使わない手はない 154
面白がって二人の正解を見つける 156

おわりに 160

［PART 1］

年間約20万組が離婚
愛し合って結婚したはずの二人が
なぜ別れるのか？

幸せな生活の継続のために最も大切なものは愛情ではない？

愛し合う二人が結婚し、夫婦となったあと円満な家庭を築いていくために最も必要なものはなにかと考えたとき、きっと多くの人が愛情と答えるのではないかと思います。

そして、多くの人は「好きで一緒になった相手なんだから、結婚すれば楽しい生活が続いていくはず」「結婚して子どもができれば自然と家族になっていけるだろう」と、結婚や出産、育児を漠然と、そして楽観的にとらえているのではないかと思います。

その考えが実は大きな間違いであることは近年の離婚率を見れば明らかです。

厚生労働省の離婚に関する統計データによると、1950（昭和25）年以降の離婚件数の年次推移では、1967（昭和42）年までは6万9000組～8万4000組で推移していたのが1968（昭和43）年からは毎年増加し、1980年代以降、1984（昭和59）年から1988（昭和63）年に減少したものの、2002（平成14）年の29万組まで再び増加が続いていました。

2003（平成15）年以降は減少に転じ、2005（平成17）年は25万1000組、2020（令和2）年は19万3000組となったものの、約50年間で3倍ほどに増えているのです。

離婚の理由ナンバーワンは「性格が合わない」

なぜ、ここまで離婚率が上昇したのかというと、背景には価値観の変化や女性の社会進出などさまざまな要因があります。家族の数だけ、各家庭でそれぞれの事情があります。

では、どの年代の離婚が多いのかというと「厚生労働省 平成25年人口動態統計月報年計（概数の）概況」の同居期間別離婚件数の年次推移表によると、結婚5年未満の離婚件数が最多です。

なかでも結婚2年目の離婚が最も多く、この傾向は30年ほど前から変わっていません。

いったいなぜ、3年以内の早期離婚が多いのかというと、2021年司法統計によると離婚の理由ナンバーワンは「性格が合わない」でした。

ともに暮らす二人が別れるのですから、価値観が一致しないことがいちばんの理由になるのはうなずけます。常にこの人とは価値観が違うと感じながらの生活が大きなストレスになることは間違いないからです。

一方で、私はこの言葉こそ最も口にしてはいけない禁句だと考えています。一見、価値観の不一致は仕方のないことのように思えますが、夫婦関係だけでなく人間関係でも、これを理由にすれば、簡単に相手と対立することができるともいえるからです。

そもそも価値観が自分と完全に一致する相手などいないと考えたほうがよいと思います。恋愛の時期はむしろそうした価値観の違いに魅力や憧れを感じ、相手を強く求めることもあって、この真理を忘れてしまうのです。

しかし、その幻想は長くは続きません。ともに暮らすようになり、関係が深くなると、以前は魅力に感じていた価値観の違いに、いら立ちを覚えるシーンが増えていくのは当然のことです。もう一度、魅力としてとらえ直せ、といっても無理なことだと思います。

だからこそ、初めに覚悟することが大切なのです。違う家庭で生まれ、まったく違う価値観のもとに暮らしてきた他人同士が一つの家庭に入るのですから価値観は合わなくて当然だと、二人で前提を確認し合うのです。

価値観が違う、性格が違う、そんな相手と長く暮らしていくのだという覚悟からスタートし、そのうえでこの人とどうやって生きていくかを考える必要があるのです。

それが大人の知恵であり、いずれ親になるための覚悟です。明らかなハラスメントを除けば、日常のすれ違いやケンカ、不平不満はどちらかに合わせるなり話し合うなり解決策はいろいろあります。

結婚する、もしくは入籍しなくても一緒に住むと決めたとき、まずは覚悟をもって二人で取り組んでいこうと話し合い、誓い合うという覚悟の確認が大切だと、私は思うのです。

日本人の特性が結婚生活を邪魔している？

日本人が美徳としているいくつかの特性が、逆に幸せな結婚生活を邪魔している要因になっていると私は考えています。特に正解を求めがちで、内弁慶になりやすいという日本人の性格は大きな要素であると思います。

海外の人たちとの交流を通じて思うのは、良くも悪くも、日本人は真面目な性格である、ということです。親や先生から、こうするものだと教えられると、そのとおりにできてしまいます。自らの思考で疑うことなく無批判に正解だと考えてしまう傾向が強いからだと思います。

また、子どもの頃から正解がある問題しか解いていないので、何事にも正解があると信じ、自分の頭で考える前に正解を聞きたがります。私はここに危機感を覚えるのです。

夫婦が問題に直面したときに大切になるのは、まず自分たちでどうしたらいいかを考えることであり、そのためには正解を探そうとしないことが肝心なのです。

そもそも夫婦生活に正解などありません。夫婦二人にとっての最適解を、その都度、考え、話し合い、決めていくことが重要であり、同時にここは日本人が苦手なところだと思います。

私たち日本人が改めて、深く考えるべきテーマだと思うのです。

人生100年時代の結婚——時代とともに子育ても変わった

私たちの世代は人生80年という前提で人生設計をしていました。ところが今は、100歳まで生きる想定で人生設計をしなくてはいけません。

そう考えると、子育てが一段落したあと、夫婦二人でどうやって暮らしていくか、仕事を定年退職したあとはどのように日々を送っていくのかについて、これまでの想定、常識を変えていく必要があります。

未来に対する想定が変わるのならば、当然、結婚や出産、育児に関する考え方もがらりと変わります。

一昔前、日本が高度経済成長期の真っただなかにいるときには仮面夫婦という言葉が流行しました。夫婦としての愛情は冷め切っているけれど、家庭生活をなんとか継続するためによそ向きには仲の良い夫婦のフリをしている状態です。

そのほかにも、「亭主元気で留守がいい」という妻の視点から夫を皮肉ったフレーズや専業主婦としてのんびりと暮らす妻を揶揄した有閑マダムという言葉も生まれました。

この頃、社会は男性中心で回っており、仕事は男がするもので家庭は女が守るものと棲み分けがはっきりしていたからです。女性は結婚すれば家庭に入り、専業主婦になるのが当たり前の時代でした。女性にとって学校を出たあとの選択肢がほとんどなかったのです。

女性は高校を卒業したあと、多くは4年制の大学に行かずに就職し、与えられる仕事はお茶汲みや事務職です。そこで結婚相手を探すというのが通例でした。バブル期には女性は25歳を超えるとクリスマスケーキだといわれました。これは24日を過ぎると急に売れなくなり、価値が下がるというクリスマスケーキの性質に、女性の結婚適齢期をなぞらえたものです。

なんともひどいたとえですが、売れ残りになってしまうからと、親は早く結婚するように娘に迫る、といったことも珍しくありませんでした。

一方で、その頃はそれでもうまくいっていたともいえます。お見合い結婚も多く、「覚悟」を決めることなく成り行き任せでも、夫婦生活はなんとか維持できました。男女の役割が明確に分かれていたからです。

結婚式のお決まりのスピーチは新郎の上司から「彼は優秀だから多少帰宅が遅くなるかもしれないけど、許してね」というフレーズでした。とにかく男は外に出て働いて、女は家を守ることが常識だったのです。

しかしそういった社会の形を変えるべく、1986（昭和61）年に男女雇用機会均等法が施行され、少しずつですが女性の社会進出が始まり、専業主婦以外の選択肢が生まれたのです。

そして令和となった今、30歳を超えての結婚や出産は当たり前になっています。実際、今では30代の中盤、後半で初産も少なくありませんし、40歳以上で出産する人もいます。人生80年から人生100年時代に変わったことの、一つの証でもあります。医療や制度が進化し、出産が遅くなっても対応できるようになったという技術的な変化も後押しとなりました。

これに伴って、夫婦の形も変わっています。女性が働くのはもはや当たり前で、そうなると、家事の分担も必要になってきますし、子育ては女性に任せる、といった考え方は通用しないのです。

しかし、時代が変わっても変われない人たちもいます。特に団塊の世代といわれる人たちは男は外で働き、女は家を守ると強く信じてきました。現在は70代になって、多くの人が第一線を退いたとはいえ、まだまだ発言権を握っている人たちです。彼らの多くの言い分は子どもはほったらかしていても育つという考えです。男性の育休についてもあまり賛成ではないというのが本音だと思います。

しかし、子どもはほうっておいても育つのは昔の話です。当時は近所付き合いがあり、親や親戚が身近にいました。子育てにコミュニティが機能していたのです。

核家族化が進んだ今、子育ては基本的に、夫婦二人でこなしていかなくてはなりません。その事実一つを取っても、夫婦を巡る環境は激変しているといえます。

現代を生きる私たちは皆、老若男女にかかわらず、新しい夫婦の形、新しい家族の形、新しい子育ての形を求めていかなければならないのです。

「お手本がない時代」の夫婦生活と子育てとは？

こうした大きな、また急速な変化のなかにあって問題となるのが、若い二人にとっての手本がないことです。時代の変化が激しいために、夫婦や親のロールモデルが不足しています。

結婚式のスピーチでよく「お父さんとお母さんのような夫婦を目指して」というフレーズを聞きますが、これには少し注意が必要です。

仲の良さをまねするのはよいのですが、振る舞いをそのまままねしてしまうとモラハラ（モラルハラスメント）になりかねません。

今から50年前、ほとんどの女性は一定の年齢に達すると、結婚するのが当たり前でした。少し大げさにいえば、結婚しないと経済的に生きていけなかったのです。

男の立場からすれば、僕は働くから、君は家を守ってくれというのが主流でした。多くの人がそう信じて疑わなかったからです。

言葉一つをとってみても、そうした考え方が表れています。例えば当時の人がよく使っていた妻を意味する家内という呼称は、文字どおり家の中にいる人です。女性は家を守るというのが常識だったのです。

1975（昭和50）年にはハウス食品工業（現・ハウス食品）のキャッチコピーに「私作る人、ボク食べる人」というものがありました。料理を作るのは女性というイメージが定着していた表れです。

さすがにこのテレビコマーシャルは、視聴者から異論が唱えられ放送から1カ月で、放送中止となりました。しかしそれくらい、当時の男女の役割は固定化した考えが広まっていたのです。

そうした時代に夫となり、父となった男性の多くは、自分の父親をロールモデルとしていたことと思います。もちろん、時代の変化に伴って家族や社会から、思わぬ反発を受けることもあったでしょうが、そこはうまく調整することで切り抜けられたのだと思います。

しかし今の時代、自分の父親と同じ振る舞いをしていては夫婦生活はきっとうまくいかなくなると思います。夫、父親の役割があまりに短期間に、そして大きく変化しているからです。もはや自分の父親はロールモデルになり得ないのです。

もちろん、このことは母親に対しても同じです。ただ最も変化を迫られているのは男性です。これといった手本もなく新しい状況に適応を求められ、困惑しているのが、現代を生きる男性の一面だと思います。


私は、結婚、出産、育児については、学校教育でカリキュラムを組むべきだと考えています。特に産後のホルモン変化のことは男女ともに知っておく必要があります。

私が近年深刻化していると懸念しているのが「産後クライシス」です。妊娠や分娩によって生じる女性の身体やホルモンバランスの変化に伴い、産後に起こる精神不安や産後うつが原因で、夫婦仲や社会関係に影響を及ぼすことを意味します。日本では産後うつになる女性は10%にものぼるといわれています。

私は前著『知っておくべき産後の妻のこと』(2020年、幻冬舎メディアコンサルティング)で、日本に古くからあった産後の女性を周囲が早期から休ませてみんなでサポートしていた習慣や伝統が核家族化の進行に伴って薄れ、産後うつが1950年代から目立ち始めてきたことを書いています。

一昔前までは産婆さんが家を訪れ、出産後の女性や赤ちゃんの面倒を見ていたし、身内も近くにいて産後の女性を支える共同体が出来上がっていました。

しかし、現代では産後の妻を支えるのはともに暮らす夫だけで、しかも夫自身は妻の様子がおかしいと気づいても身体の変調までは詳しく把握できないのでどうすればよいか分かりません。そのため、妻にとって最も支えてほしい時期に夫が助けてくれない事態が発生し、その経験が妻の心に根深く刻まれ、その後の結婚生活に重大な影響を与えてしまうのです。


私は、特に産後の3年以内が大切な時期であり、夫が妻を大切にし、夫婦仲良く過ごす重要性を強調し続けてきました。

このような大切なことが、まだ世間に広く理解されていないのがたいへん残念なことです。特に人生最大の出来事である出産に関する知識があまりに不足しているせいで、多くの夫婦が無用ないさかいを起こし、それに子どもたちが巻き込まれています。

家庭のことや育児のこと、ホルモンのことも学校教育で学ぶ機会があるとよいと思います。きっと、これからの時代は男女関係についての互いの認識はどんどん良くなっていくとは思いますが、そのスピードをさらに速めていってほしいと切に願っています。

この点について、もう少し突っ込んで話すならば、私は義務教育の時期に、

「男女の決定的な違い」

「子育ての難しさ」

の2点について、きちんと教えておくことが大切だと思うのです。そうなれば日本は世界がうらやむ幸せな国になれるはずです。

現状の日本の教育は記憶を重視する一方の学習ばかりで、これで果たして文化的な国、一流の国といえるのでしょうか。教育の改革はあらゆる政策のなかでも最優先で取り組むべきだと、私は考えています。

高度成長期を生きた世代は、「昨日より今日、今日より明日が良くなるだろう」「明日は明日の風が吹く」という時代に置かれていました。そうした背景のなかで、昭和の人間の多くは、家庭がつまらなくても、仕事にやりがいがあればなんとか生きていけたと思いま

す。

団塊の世代は競争社会に生きた人たちです。俺が俺がという自己主張が強い人たちを見てきた1960年代後半以降に生まれた人たちは、団塊の世代を反面教師とするかのようにしらけた世代といわれました。

その次の世代はバブル期を知っています。ブランド物が好きだったり、高級なものへの憧れがあったりと、物欲が一つのモチベーションになっていました。95年以降に生まれた人たちは、日本がまったく成長していない時代に育っています。良い意味でも、悪い意味でも現状を受け入れているのです。

そうした時代の変化のなかで、夫婦のあり方も大きく変わってきました。前の世代の常識は、まったくお手本になりません。ロールモデルは存在しないと、はっきりと腹をくくったほうがよいのです。

それまでの世代に比べて今の若者は最もピュアです。きっと新しい男女関係、夫婦関係、子育ての常識を見出しくれると期待しています。そういった意味でも、特に若い人たちに向けて、「パートナーとの生活には覚悟が必要である」ということを伝えていきたいのです。

育児の男女平等が広がらない本当の理由

男女雇用機会均等法が施行されて以降、結婚しても、あるいは出産しても仕事を続ける女性が増えてきました。しかし、育児に関していえば、男女平等がまだまだ広がっていないと感じています。

女性の産休育休については社会は寛容になってきているけれど、男性の育休についてはなぜ必要なんだという考えをもっている人もいまだに少なからずいます。特に50代以上の男性は、依然として男性が働いて、女性が子どもを育てるという考えを強くもっています。

大企業においては男性の育休取得を推進しているところもありますが、リーダーたちのなかにはルールだからといやいや従っている人もいると思います。

そうした状況を見るにつけ、企業が男性の育休取得に対して本気で取り組んでいるとは思えません。企業のリーダーたちが自分の時代とは違うと心から納得するまでは、まだ少し時間が掛かるように感じるのです。この消極性は子育てに関する国の施策にも同じことがいえます。国が子育て世代を本気で応援する気があるようには私にはどうしても思えないのです。

例えば少子化対策というのであれば、保育園だろうが、幼稚園だろうが、教育費はすべて国が負担すべきです。この問題は20年、いや30年前から提起され続けているのに、まったく進んでいません。口では少子化対策を声高に言っているけれど心の底ではそこまでしなくてもと考えているのではと疑ってしまいます。

しかし、家計にとって子どもの養育費は食費と同じくらい必要なお金であり、老後の資金とは別次元の問題です。お金がないから二人目を産めないという話も聞きます。しかし、一般的な夫婦共働きなら出産や育児の際の費用は十分に賄えるはずです。

では、なぜそうはならないかといえば、私は子どもの教育費の負担が重くのしかかってくることが関係していると考えています。多くの親は塾に通って名門校に進学することで将来が変わると思っています。親は子どもに良い人生を歩んでほしいから教育にお金を掛けます。

私たちが子どもの頃は「塾に行く」ということは「勉強ができない」と思われていたようでしたが、今では「塾に通わないと勉強についていけない」という真逆の考えが生まれています。そこで子どもの将来のため、一人の子どもに十分に費用を掛けようと考えてしまうのです。

ですから私は、教育費の無償化が大切だと思っています。受験戦争、学歴社会といったテーマも、少子化を招いている大きな問題の一つだといえるでしょう。

育児は人間に与えられた最も難しい仕事

しかし、国や企業の育児に対しての支援がまだまだ完璧に確立されてはいなくとも、夫婦で解決しながら子育てをし、家庭を築いていくことはもちろんできます。

育児に正解はありません。ただはっきりといえるのは、まずは夫婦が二人の関係をしっかりと構築することが大切だということです。

子育てを孤独な子育てである「孤育て」には絶対にしてはいけません。子育ては個人ではなくチームで協力して行うものです。その実現のために最も良くないのが、夫婦が争うことです。

私が正しい、僕が正しい――結婚した多くの男女はどちらが正しいかといつも争っているように見えます。そこにエネルギーを掛けるのは、非常にもったいないことです。争っている暇があったら、まずは目の前の子どもに注意を向けるべきです。その子はほかと代え難い、夫婦二人の子どもなのです。

また、争いこそしなくても、子育ての現実から目を背け自分の楽しみに没入する人もいます。確かに子育てに参画することで、自分の時間が減るのは事実でしょう。自由に生きてきた人にとって、それがなくなるのはストレスだと思います。

しかし、育児は人間に与えられた最も崇高な仕事です。そして、それは同時に最も難しい仕事でもあります。すべての夫婦に、その気高く困難な仕事を、パートナーとともに完遂させることへの、夢と希望をもってもらいたいと思います。

結婚で最も大切なのは愛情ではなく覚悟

パートナーへの恋愛感情から結婚へのステップが始まるのは良いことです。ただし、大切なのはその先の「覚悟」であり、愛しているから結婚したいという考えだけではうまくいかないこともあります。

覚悟さえあれば、ちょっとした夫婦ゲンカが大きな溝になることはないし、ましてや離婚にまで至ることはあり得ません。

私は産婦人科医として、避けられる離婚やそこに板挟みになるかわいそうな子どもたちを減らしたいと考えています。そのために必要なのは「家族としての覚悟」「夫婦としての覚悟」です。これさえあれば昔以上に良い夫婦に、そして幸せになることができると私は思うのです。

具体的には以下に挙げる10の覚悟が必要です。

「夫婦（家庭）における10の覚悟」

1　家庭を守る覚悟

結婚したら（一緒に暮らし始めたら）、家庭という一つのコミュニティを担う一員になる。個よりも公である家族を優先し、家庭を守っていく覚悟。

2　怒らない覚悟

いっときの感情に任せて相手を傷つけるような言動をしない覚悟。もらい泣き、一緒になって笑うなど感情はうつるものだから（ミラーニューロン）一人が怒りだすと相手も怒りの感情が湧き上がる。

3　比べない覚悟

自分の親や周りの家庭、よその家と、自分たちの暮らし・夫や妻・子どもを比較しない覚悟。「よそはよそ、うちはうち」と言い切れる覚悟。

4　違いを認める覚悟

どんな相手でも自分と他者は違う生き物で、血がつながっていても、いくら長い時間を過ごしたとしても、１００％理解し合うことは不可能だと受け入れる覚悟。

5　人を頼る覚悟

何事も自分たちだけで解決しようとせずに、必要なときは身近な人や公的機関、専門家の協力を仰ぐ覚悟。

6　諦める覚悟

自分の要望を押し通すのではなく、パートナーや家族のために必要なときは自分の考えや欲求を諦める覚悟。

7　素直になる（さらけだす）覚悟
意地を張ったり、頑固になったりせずに、パートナーや家族の前で素直な自分をさらけだす覚悟。

8　何があってもパートナー・配偶者の味方でいる覚悟
どんなときも「自分だけは味方だ」と言って相手を受け入れる覚悟。

9　子どもの問題が起きたら二人で乗り越える覚悟
どちらかのせいにせずに、子どもの問題は二人の問題ととらえて向き合っていく覚悟。

10　許す覚悟
夫婦の間に何かいさかいが起きても、意見の食い違いがあっても、正解を追い求めずにお互いを許し合う覚悟。

この「覚悟」さえあれば夫婦不和・離婚は必ず回避できます。大人といえど夫婦が未熟なのは当たり前です。家庭を築き、子どもを育てるという覚悟を決めて二人で成長していかなくてはいけません。

［PART 2］

妻と夫が互いに支え合い
成長していく覚悟をもつ
幸せな夫婦になるための考え方

【警鐘のパート】

仕事ができるあなたほど要注意

本当はとても愛おしい存在であるはずなのに、私たちはどうしてパートナーに感情的になってしまうのでしょうか。

一緒にいる時間が長くなればなるほど、パートナーの行動、言葉、表情、考え方などに直面し、一喜一憂するのが夫婦生活です。

一緒に過ごす時間は本当にかけがえのないものなのですが、どうしても変に意地を張ったり、頑固になったりして、ケンカに発展してしまうこともあります。

なんとしてでも精神的なマウントを取ってしまいたくなる、その大きな原因は何でしょうか。それは相手には「負けたくない」という強い思いと、自分の考えだけがものさしになっている心理状態だからです。

実はこういう独りよがりな傾向に陥りがちな〝人種〟がいます。社会的に仕事ができるといわれている人たちです。もしあなたがパートナーと言い合いになってどうしても相手を論破したいと思うならば、もしかすると、あなたも独りよがりな傾向に陥りがちな〝人種〟の一人かもしれません。

仕事ができる人は、会社では「業績を上げること」と「己のキャリアアップ」を使命だと感じています。彼ら、彼女らは普段から個人のスキルアップを図るとともに、ほかに代わりのいない自分らしさ、ほかに負けない競争心と闘争心に磨きを掛けています。

そんな闘争心が強く論理的な思考が得意な人は、仕事の面では成果をあげる可能性が高いです。

己の理想とする道を信じて突き進み、手にした成果を自信へと変えて、より強く一歩を踏み出していく――そうした過程では、闘争心はポジティブな働きをします。また、論理的な思考は同僚や取引先の信頼を得るための助けとなり、理想のビジネスマン像を構築する屋台骨となるはずです。

しかし、家庭の夫婦関係においても闘争心や論理的な思考が良い影響を及ぼすかというと、そうとは言い切れません。特に男性に多い傾向なのですが、闘争心ゆえに夫婦のフラットな関係を壊してしまうのです。

例えば、旅行先の選定で夫婦の意見が割れたときに、パートナーを理詰めで説き伏せて自分の意見を通したとします。すると、あなたの意見がどれだけ理に適っていて、正論であったとしても、パートナーの胸中には押し付けられたという後味の悪さが残ります。

このことが家庭内に上下関係をつくることにもつながって、夫婦関係に亀裂を起こす原因となります。

相手よりも上に立つロジックとしては「お金を稼いでいるから自分のほうが偉い」「毎日朝から晩まで働いているのだから、休日は自分の時間だ」などが一般的です。このように家族のために頑張っていることを笠に着て相手よりも上に立とうとしてしまうと、ともに暮らす家族は居心地の悪さを味わうことになります。

心理学では、人はポジティブな情報よりもネガティブな情報に注意をひかれ、記憶に留めやすいという性質であるネガティビティバイアスをもっているとされています。遊園地で過ごした楽しい一日が、些細な原因で起こったケンカ一つで台無しになってしまうことはこの性質のためといわれています。

ですから、たとえ頻度が低く小さないさかいであったとしても、甘く見ることはできません。闘争心によって形成された上下関係が、のちに夫婦関係を破壊する、蟻の一穴となることもあるのです。

もちろん、相手が憎くてマウントを取ろうとするわけではないと思います。

ただ「自分の優秀さを見せたい」とか、「上に立ちたい」という考えは家庭には不要です。優先すべきは個人ではなく家族。「共同体としての幸せ」を考えてください。

仕事には仕事、家庭には家庭の価値観があることを理解し、家族の一員同士、対等の立場でコミュニケーションを取る――つまりはパートナーの意見に耳を傾け、パートナーの立場になって考えることが大切です。自我を押し通すのではなく、自分とパートナー双方の本音を加味したうえで「家族にとってベストな選択」をともに導き出すことこそが、円満な夫婦生活を送るためには大切なのです。

必要なのは、「素直になる覚悟」です。

自分をさらけだす覚悟をもつことができれば、より深く理解し合うことにつながります。そしてあなたがパートナーを理解しようと努めたら、その気持ちは必ず自分に返ってきます。

もう一つ、ここも重要なポイントなのですが、社会的にはどんなに優秀で、どんなにすばらしい人であっても、パートナーにとってみれば欠点だらけの凡人です。会社と家庭では役割も違えば、使命も違います。家庭人に天才はいないのです。この点を決して忘れてはいけません。

夫婦生活は、正解を追い求めずに、お互いを許し合う覚悟が大切なのです。

パートナーの気持ちを受け入れ、どんなときもパートナーを支える。それが良い夫婦関係を継続していくための、とても重要なポイントなのです。

男性は女性の産後の変化に乗り遅れないで！

いかに医療が進歩したとはいっても、出産が命懸けであることに変わりはありません。

それゆえに命を産むという大きな経験を経た女性は、心身ともに一歩先のステージに立つことになります。

その成長を促す大きな要因がホルモンの変化です。

出産時にピークを迎えた女性ホルモンであるエストロゲンは分泌量が落ちつき、その後授乳ができるようになります。子どもと密着する授乳行為は愛情ホルモンのオキシトシンの分泌を促し、我が子の愛しさを強く自覚させます。出産直後から始まる育児を通じて、母としての自信とプライドが培われるのです。

一方、男性は子どもの誕生からすぐに「父親」としての自覚をもつのは難しいのが実情です。

たとえ分娩に立ち会ったとしても出産を経験できるわけではありませんし、母乳も出ません。体感的なきっかけがないため、頭では分かっているつもりでも、気持ちが追いつかないのです。

かといって、パートナーは日に日に母親らしさと自信を獲得していき、同時に子どもからの要求も高度になります。男性は急激に変化する家庭環境に合わせて自己を成長させなければ、時間とともに深まる母子の関係からどんどん置いていかれることになるのです。

幼い子どもが泣いてSOS信号を出せば、母親は必死でそれをキャッチします。「お腹がすいた？」「のどが渇いた？」「おむつが気持ち悪いの？」とSOSの理由を探ります。その点、男性は子どもの泣き声に女性ほどは反応できません。男女で差があるのは仕方のないことなのです。

とはいえ、必死であやしている最中に横で夫がぼんやりしていたら、妻はついいら立ってしまい、「私がこんなに子どものために頑張っているのに、あなたはいったい何をしているの？」と怒りたくなってしまうと思います。

それを聞いた夫は、どうしていいか分かりません。明確な目的がないとなかなか行動に移せないのが男性です。いら立っている妻に困惑しながら指示を求めます。「じゃあ、何をすればいい？」と、良かれと思って発した言葉が妻のいら立ちの火に油を注ぎます。

なぜこの人はいちいち言葉にしないと分からないのだろう。見てのとおり私は今、子どもの世話に必死なのに。ぼーっとしていないで優しい言葉を掛けるなり、一緒に悩むなり、協力する姿勢を見せるなりしてほしい、そういった昂る気持ちから「それくらい、自分で考えて！」と言い放ってしまいます。

そこまで言われてしまうと、夫に立つ瀬はありません。「なぜ、そんな言われ方をされなければならないのか」と、落ち込んでしまうか、腹を立てるかです。結果、ネガティブな反応の応酬に絡め取られてしまって、夫婦の溝が深まります。

そうならないために、男性に求められることは「家族を守る覚悟」を固めておくことです。

子どもは「家族の一員」であり、自分は「家族を守る立場にあること」を自覚することで、子どもが泣いていることは「自分ごと」になります。自然と危機感を覚えるはずです。

夫が子どもへ積極的に関わる前向きな姿勢を見せてくれれば、妻は心強く感じるはずです。気楽な独身の一人暮らしではないのですから、ともに暮らす家族にまで関心を広げなければ、家族と信頼の絆を結ぶことはできないのです。

日頃は仕事で神経を張り詰めているのだから、家にいるときくらい気楽に過ごさせてほしいといった考え方も禁物です。気持ちは分かりますし、親の世代ならばそれで通用したかもしれませんが、現代はこれこそが危険な地雷です。

幼い子どもを育て、家庭を守る妻の立場からすれば「24時間ずっと働いている」のも同じです。いちばん頼りにしたい夫がせっかく帰ってきたのに、「疲れているから」と手伝ってもらえないことは大きなストレスになります。

会社も家庭も同じで、成長していくためにはどうあるべきか、運営方針はこのままで大丈夫か、常に真剣に考え続けなければ発展は望めません。

子育ての現場でいさかいが起こるとき、妻にも夫にも言い分はあると思います。しかし、どちらが正しいとかどちらが悪いとか、幼稚なことで争っている場合ではありません。仕事も家庭も大事なら、どちらにも真剣に向き合うべきなのです。

人生において最も重要で難しい仕事は育児です。その人生最難関の仕事に向けて何も備えておらず、覚悟を固めていないのだとしたら、それこそ問題です。何よりもまずは「覚悟」なのです。

女性のみなさん、夫の居場所を奪わないで！

・話し合いをしている途中から、夫がむっつり黙ってしまった。何を言っても「ああ」

とか「うん」とか「そうだね」と浮かない返事で、すっかり心を閉ざしてしまっている。

・夫が最近一人で飲みに出る回数が増えた。口に出さないけれど、おそらく夫は私に対して不満を抱えている。ひどいときには呼びかけに対して無視することさえある。

・私に何かを言われることに緊張してしまっていて、会話がままならない。これなら家のなかで威張っていた以前のほうが、コミュニケーションが取れる分まだ良かった。

――といった夫婦の話はよく聞かれるものです。

女性としては、感じていることを包み隠さずただ話しただけ、正しいと思うことを話しただけなのかもしれませんが、言葉の受け取り方が男性は女性ほどドライではないと思います。否定的な意見を聞かされると、すぐに殻にこもってしまったり、背を向けてしまったりするのです。

自分の気持ちを第一に持論を展開する女性を前にすると、男性は傷つくことを恐れて自分の気持ちを明かすことや、相手を説得しようとする気力を失います。結果として、どう言っても、理解してもらうのは難しいだろう、言葉巧みに言い返されてしまうだろう、彼女がそう思っているなら、多少の反論は飲み込んで受け入れてしまおうと考えてしまうのです。

なぜこのような状況が起こるかといえば、一般的に女性は話し上手で、男性は口下手だからです。

この傾向には狩猟採集時代から受け継がれた遺伝子が影響しているようです。古代、男性は獲物を狩ることに集中し、必要最低限の会話で仲間同士の意思疎通を図っていたのに対し、女性は家を守るために集団のコミュニティを形成し、常に周りの人と会話で意思疎通を図る必要があったという背景があります。会話能力に男女差が出るのは当たり前といえます。

だからこそ、女性が男性に対して反論の余地もないほど畳み掛けるのは得策ではありません。大切なのは「怒らない覚悟」、「怒らない、追い詰めない」を頭に入れておくことです。夫婦の円滑なコミュニケーションを維持するためにも、夫と対話する際は彼の居場所を残しておいてあげます。

言い方を柔らかく、男性のペースも考慮した会話を心掛けることで、男性が殻にこもってしまうことを防ぐことができます。言葉の面では弱い存在であることを知って、対応してあげてほしいと思います。

夫婦のコミュニケーションがうまくいかない理由のもう一つに、思考の原理の違いが挙げられます。女性は「個の幸せが家庭を幸せにする」と考えるのに対し、男性は「家庭の幸せが個を幸せにする」と考えます。

女性は生物学的に自分が「子孫を残す」ことを優先しますので、今の自分が幸せかどうかを軸に思考を広げます。自分の気持ちを守るためなら少々の対立はいといません。

それに対して男性は「集団の目的」を優先するので、家族がみんな同じ方向を向いているかどうかを軸に思考を広げます。集団の幸せのためであれば自分の気持ちを抑え込むのもやむなしと考えます。

まったく違う地点から幸せを目指そうとするわけですから、会話が噛み合わないのも仕方がありません。「どちらが正しい」「どちらが間違っている」ということではありません。男女ではそれだけ考え方に距離があるので、相手に歩み寄ろうとする姿勢が求められるという話です。

夫婦は運命共同体なのですから、ともに尊重し合い、ともに補完し合い、ともに家庭を守っていくという関係にあるべきです。

その先に、家族の幸せはあるのです。

【解決策のパート】

「産後うつ」は夫婦で乗り越える

産後、我が子の世話をする気力がなくなったり、ネガティブな感情が次々に湧き起こり「自分は子どもを育てる資格がない」と自信をなくしてしまったりと、精神的に不安定な状態になることを産後うつといいます。

妊娠した女性はエストロゲンというホルモンが大量に分泌され、出産をすると、これが急激に下がる代わりに、今度はプロラクチンやオキシトシンなどのホルモンが一気に増えます。産後の女性のホルモンバランスはまるで上昇と下降を繰り返すジェットコースターのような状態に陥っているのです。

こうした変動によって気分障害が起きることをマタニティブルーといいます。たいていの場合は出産から2週間ほど経つと元の状態へと戻り、ホルモンも安定するので心配はいりません。

注意しなければならないのは、2週間経っても状況が変わらない、あるいは悪化してしまう場合です。その正体こそが産後うつです。妊婦の10％がかかるといわれていますが、出産を経験した女性なら誰でも発症する可能性があるため、近年は産後の女性のケアにも力を入れる産婦人科が増えています。

また、産後うつを放置してしまうと最悪の場合は自死に至ることから、厚生労働省もその危険性を訴えるようになりました。

一般的に、産後うつは女性ホルモンが大きく関係しているといわれていますが、実は近年の調査では男性も産後うつになることが分かっています。

事実、国立成育医療研究センターが発表した研究結果によれば、夫婦が同時期に「メンタルヘルスの不調のリスクあり」と判定された世帯は3・4％で、さらに父親が産後1年間に「メンタルヘルスの不調あり」と判定される割合は11％と、母親の割合である10・8％と同程度でした。つまり、産後は男性の精神的ケアも怠ってはいけないことが分かってきたのです。

男性はホルモンの影響を受けないのに、なぜ産後うつになるのか疑問に思う人もいると思います。理由ははっきりとは分かっていないのですが、産婦人科医としてさまざまな夫婦を見てきて感じたのは、男性は心理社会的な要因でうつを発症する可能性が高いということです。

例えば、今まで共働きだった夫婦は産休・育休を取得することにより、収入が減少します。給付金制度があるとはいっても支給されるのは全額ではないため、どうしても経済的不安を抱える人は多いのです。

このとき、夫の立場としてはなんとかして妻の分も家計を支えなくては、子どもをしっかりと育てていくために稼がなければと躍起になるあまり、そのプレッシャーがストレスとなってうつの症状として表れてしまうのです。

周囲からの何気ない、父親になったんだから、今まで以上に仕事を頑張らないとという言葉も、圧となって重くのしかかります。さらに夫が仕事に追われてしまい家にいる時間が少なくなり、妻は孤独感から精神的不安が大きくなって産後うつになるという負の連鎖も起こりかねません。

また、うつは伝染するともいわれ、産後うつを患った妻をサポートしていた夫までもがうつにかかってしまうというケースも耳にします。なかには、子どもの夜泣き対応でろくに睡眠が取れないまま出社する日々を続けるなかで、体調を崩して退職に至るケースもあります。

ところが、男性の産後うつはまだ一般的ではないため、見過ごされてしまうケースが多いです。

実際に「疲れているはずなのに眠れない」「無性にイライラする」「物忘れがひどくなった」といって精神科を受診し、そこで初めてあなたは産後うつですと言われてまさか自分が⁉と驚く男性も多いのです。

その背景には産後うつは女性の問題で男は家庭を守るために外でがむしゃらに働かなければといった固定観念があります。これが男性自身にも、そして周囲にも植え付けられているからではないかと考えられるのです。

さらに、男性は女性と比べて他者に助けを求めない傾向にもあるため、どんどんうつが進行してしまい、周囲が異変に気づいたときにはもう手遅れだった——ということもあり得ます。事実、うつ病が原因で自殺をしてしまう割合は女性よりも男性のほうが高いという調査結果もあるくらいなのです。

私自身も女性よりも男性のほうが危ういなと感じる場面が増えてきたように感じます。特に産後クライシスという言葉が世間で声高に叫ばれるようになってからというもの、男性へのプレッシャーは大きくなったのではないかと思います。

また、女性は産婦人科医や助産師、地域の保健師などからアドバイスや励ましの言葉をもらう機会があるのに対し、男性にはそういった機会が極端に少ないのも男性の産後うつを加速させる要因だと思います。

昔は男なんだからしっかりしなさいという一言で片付けられてきたかもしれませんが、こんなときだからこそ「男性諸君、大丈夫ですか」と、私は声を掛けたいのです。

もちろん、ホルモンの影響を受けにくい男性でさえこのような状況に陥るわけですから、心身ともに変化を余儀なくされる女性が産後うつになるのは当然のことです。私は決して、夫もこれだけ疲れているんだから少しくらい気遣いなさいとか、妻が産後うつにならないように夫は十分にケアをしなさいとか、極端なことを言いたいわけではありません。

妻も夫も産後うつになる可能性が十分にあるのだから、そこは二人で危機を乗り越えてほしいのです。そのためにも、産後うつは男女関係なく起こり得るのだという認識と正しいうつへの知識をもち、症状が深刻化する前に互いにサポートし合うことが大切です。また、可能なら夫も最低2週間は育休を取得し、妻と一緒に子育てを経験してほしいと思っています。

子どもと関わることで愛情ホルモンと呼ばれるオキシトシンが増えれば、うつの発症を抑えることができるからです。夫婦とは家庭という一つのコミュニティを担う運命共同体。家族を優先し「家庭を守る覚悟」をお互いがもってこそ、二人の絆は固く結ばれるはずです。

赤ちゃんが生まれたとき、不安そうだった顔がパッとほころび、慈愛に満ちた優しい顔で我が子を抱く父親を、これまで何人も見てきました。笑顔とはまさにこの表情をいうのだとそのたびに私まで温かい気持ちになったものです。

私自身、長男が誕生したときの写真には見たことがないような優しい顔でほほえんでいる自分がいて驚きました。それは、妻も同じです。この世に舞い降りた小さくてかけがえのない生命を愛おしそうに見つめる夫婦は実に幸せに満ちているのです。このときの気持ちを、どうか忘れずにずっともち続けてほしい。私の願いはそれだけです。

男と女はまったく違う生き物だと心得よ

「夫の気持ちが分からない」

「妻の言っていることが理解できない」

仲違いする夫婦からは、互いを否定するような言葉がしょっちゅう出てきます。しかし、お互いを理解できないからケンカするのではありません。お互いを理解できないのに、「100%理解しなければ」と思うから、ケンカになるのです。

そもそも、男と女は違う生き物なのですから、分かり合おうとすること自体が間違っています。理解できなくて当然なのです。

例えば、子どもが大暴れしてお気に入りのコートにコーヒーをこぼしてしまったとき、妻が

「今日、こんなことがあって……。このコート、あなたに買ってもらって大事にしてたのに、シミが付いちゃったんだよ」

と、夫に相談したとします。

「そうなんだ。クリーニング代を渡すから、明日持って行ってみたら?」

夫は「コーヒーのシミが取れればコートは元どおりになる」と考え、このように返事をしました。すると、妻は納得いかないといった顔で「別にクリーニング代くらい自分で払うからいい!」と部屋を出て行ってしまいます。

なぜ妻がこんな態度を取ってしまったのか、原因は男女の脳の違いにあります。

『妻のトリセツ』(講談社)で知られる黒川伊保子さんは、人間の脳回路は「ゴール思考問題解決型」と「プロセス思考共感型」の2タイプに分かれると説いています。

ゴール思考問題解決型は、とにかく最速で問題解決をしたがるタイプです。目の前の細々したものよりも、遠くにある大きなゴールに向かって能力を発揮します。

一方「プロセス思考共感型」は他人と感情や記憶を共有・共感することを大切にするタイプです。何か問題が起きた場合にはまず目の前にいる相手の気持ちを重要視します。そして、一概にはいえないものの、男性はゴール思考問題解決型、女性はプロセス思考共感型の人が多いのです。

このケースを2タイプに当てはめて考えてみると「クリーニングに出せばコートのシミが取れるから妻の問題も解決するだろう」と考えた夫は、まさにゴール思考問題解決型です。

それに対して不機嫌になってしまった妻をプロセス思考共感型と仮定してみると、この場合はまず「そうだったんだ。それは大変だったね」と、そのときの状況に共感したり、「確かにそのコート、大切に着ていたよね。シミが付いたのはショックだっただろう」と、気持ちに共感したりしていたら、妻の反応は変わっていたと思います。

妻は大切にしていたコートにシミが付いて悲しい、ということについて、話を聞いてほしかったのです。そんなことをしても問題は解決しないじゃないかと思う人もいるかもしれませんが、プロセス思考共感型の人に解決策を提案するのは、そのあとでいいのです。いや、さらにいうならば解決策なんて求めていないのです。

このように、なんでも理論的に考える夫と共感してほしい妻がお互いになぜ理解してくれないんだと思っていたら、すれ違い続けるのも仕方ありません。

特にゴール思考問題解決型の人は上から目線になりやすいため、つい「そんなことも分からないのか」とか「いつまでそんな些細なことでクヨクヨしているんだ」などと無意識のうちに言いがちです。これでは火に油を注ぐようなものです。

「どうしてあなたはいつもそんなに偉そうなの！」

「人の気持ちが分からない冷徹人間！」

などと言われた経験がある人も、いるかと思います。

まずはお互いの違いを認めて受け入れることから始めます。これが「違いを認める覚悟」と「諦める覚悟」です。

相手に自分の考えを押し付けるのではなく、相手の考えを否定するのではなく、この人は自分とは違う人間なのだから、考え方も違って当たり前なんだと、諦めるのです。

ここでいう「諦める」は、ネガティブな意味ではなく「現状をリアルに受け入れる」ととらえてください。これさえできれば、夫婦ゲンカは驚くほど減少するはずです。いわば夫婦は凸凹（でこぼこ）コンビなのです。違いを認め合い、補い合うことで、家族という一つの形が完成するのではないかと思います。

もちろん女性でも男性的な考え方の人がいますし、男性でも女性的な考え方の人はいます。ここで重要なのは「男はこういう思考」「女はこういう生き物」と極端に分けるのではなく、まずは「違うもの同士」を受け入れるということです。そしてこれは夫婦関係だけでなく、子どもとの関係にもいえます。

親というのは、我が子に対してこうなってほしいという理想をどうしても抱いてしまいます。しかし、子どもも一人の人間です。親とは違う生き物なのですからすべて思いどおりにいくわけがありません。

それなのに、どうしてお父さんの言うとおりにできないの、なんでお母さんが言ったことが分からないのなどと大人側の意見をいくら言っても響くはずがありません。それぞれの違いを知るということは、家族のあり方にも関わってくるのです。

すてきな夫婦関係、幸せな家庭環境を築きたいならば、まずは「違いを認める覚悟」をもつことです。

妻の話にはアドバイスではなく「共感」を

ゴール思考問題解決型の男性に対し、プロセス思考共感型の女性の気持ちを分かりなさいと言ったところで一朝一夕にはうまくいきません。人の思考や言動はこれまでの経験からつくられているため、理解できないのは当然のことです。

そんなにスムーズにいくなら、夫婦間の争いごとなどとっくになくなっているでしょう。私自身、妻と結婚したばかりの頃はなかなか共感できずによく言い合いになっていました。自分では共感しているつもりでも、それをうまく表す言葉が見つからなかったのです。

おそらく、私のような男性は多いと思います。そこでおすすめしたいのが「オウム返し」で、以下はその例です。

【NG例】

妻「今日、買い物に行ったんだけど、車の中にお財布を忘れちゃって」

夫「え～？ この前も忘れたって言ってなかった？　ちゃんと出る前に確認しなきゃ」

妻「うん……。でも、急いでたんだよねえ」

夫「ふーん」

妻「それで、レジで気づいたから店員さんに謝ってすぐに取りに行きますって言ったんだけど、後ろに並んでいた男の人が『チッ』て舌打ちしたのが聞こえてさ……怖かったんだ」

夫「まあ、レジが混む時間帯にそんなことされたらイラつく気持ちも分からなくはないかな。次からはちゃんと確認したらいいよ」

妻「……あっそ！」

ゴール思考問題解決型の男性にはよくあるパターンです。

どうしてもアドバイスをしてしまう。どうしても解決策を考えてしまう。しかし、多くの女性はそんなことは求めていないのです。ではどうすれば良かったのか。OK例を見てみます。

【OK例】

妻「今日、買い物に行ったんだけど、車の中にお財布を忘れちゃって」

夫「お財布を忘れちゃったのか。大変だったね」
妻「うん、そのあと習い事のお迎えも行かないといけなかったから、急いでてさ。うっかりしちゃって」
夫「そっか、習い事のお迎えもあったら、そりゃあ急ぐよね。いつもお迎えに行ってくれてありがとう。それで、買い物はできたの？」
妻「それがね、レジで気づいたから店員さんに謝ってすぐに取りに行きますって言ったんだけど、後ろに並んでいた男の人が『チッ』て舌打ちしたのが聞こえてさ……怖かったんだ」
夫「そんなことがあったの？　それは怖いよな。大丈夫だった？」
妻「うん。ちょっとショックだったけど、聞いてもらったらすっきりした。ありがとう」
夫「こちらこそ、お迎えに、買い物に、いつもありがとう」
この2つの例を見て、明らかに妻の反応が変わっているのが分かります。「財布を忘れてしまった」「急いでいた」「怖かった」という妻の言葉をオウム返しのように繰り返すだけでも「私の話を聞いてくれているんだ」とうれしくなるものです。

また、少し高度に感じるかもしれませんが「大変だったね」や「大丈夫だった？」など、そのときの妻の気持ちに共感した言葉を掛けているのもポイントです。プロセス思考共感型の女性にとって「夫は私の気持ちを分かってくれているんだ」という安心感ほど大きな精神安定剤はありません。

夫婦の会話は、これでよいのです。

もしも妻が、「こういうときってどうしたらいいと思う?」と解決策を求めてきたら僕はこう思うよと優しく提案すればいいのです。求められていないことまで話して自分の意見を押し付けようとするから、争いを生んでしまうのです。

もちろん、妻のなかにもゴール思考問題解決型の人もいると思います。その場合はぜひお互いが納得いくまで議論し合いましょう。大切なのは「自分がどうしたいか」ではなく「妻が何を望んでいるのか」を考えることです。そのためには、日頃から妻とコミュニケーションを取り、妻の気持ちに寄り添うことを忘れてはいけません。

妻の側も配慮が必要です。もし、夫がゴール思考問題解決型の対応をしてきた場合には、自分の気持ちを分かってくれない言い方だなと腹を立てずに冷静に分析することです。そのうえで、対話の際は「共感してほしい」という気持ちをしっかりと伝える時間をもつといいでしょう。

やはり大切なのは、「違いを認める覚悟」です。会話に期待するものがずれるのは、思考パターンが違うからだと認識し、お互いに、いったんは受け入れましょう。そのうえで、特に夫の側は「何があってもパートナー・配偶者の味方でいる覚悟」を思い起こせば、相手が欲している言葉を投げかけたいと思えるようになります。

相手に合わせることで、相手の心を深く知ることができるようになります。これは夫婦、お互いにとって、大きな人間的な成長です。そう考えれば、噛み合わない会話も、相手を知るためのプロセスとして楽しめるのではないかと思います。

夫の無口は「休養中」と思うべし

「夫は私が話していてもまったく楽しそうじゃない。いつも無口で、一緒にいてもつまらない」

　こんなことを言う女性がいます。一方で男性は、

「家にいると、妻がずっと話し掛けてくる。仕事で疲れているから家では休みたいのに、少しでも適当な返事をすると怒られる」

　と、うなだれている人も多いです。

「話を聞いてくれない男」と「話が長い女」という構図は、夫婦間でよく見られます。そうして溝が埋まらないまますれ違い続け、修復不可能となった末に「離婚」へと行き着いてしまうのです。この場合も、男女の違いについて目を向けると解決策が見えてきます。

　米メリーランド大学の研究結果として、男性が1日に発する単語数は平均７０００語、一方、女性の場合は平均2万語と、約3倍も差があるという説があります。

　研究結果が海外のものであるため、日本の男女に当てはめると多少単語数に違いはあるかもしれませんが、発する単語数に倍以上の差がある夫婦が「妻の話は長い」「夫は無口だ」と愚痴をこぼすのは、むしろ当然の結果ともいえるのです。

　特に、仕事ですでに７０００語以上を話していると考えると、夫は「家でこれ以上話す

のは疲れる」と思っているはずです。また、仕事と家の往復しかしていないとしたら、話題といっても仕事のことばかりです。しかし多くの男性は「家では仕事を忘れたい」「仕事の愚痴をこぼして格好悪いところを家族に見せたくない」と考えていますから、必然的に口数が減ってしまうのではないかと思います。

つまり、男性が家の中で口数が少ないときは「そっとしておいてほしい」というサインなのです。

結婚する前を思い出してみると、付き合っていた頃は無口だなんて思わなかったのではないでしょうか。他愛もない話を夜が更けるまで続けて気がついたら朝になっていた……などの経験はどのカップルにとっても良い思い出のはずです。

では、なぜ結婚したら無口になってしまったのでしょうか。それは決して、妻を愛していないからではありません。むしろ、口数が少なくなった姿こそが本当の夫であり、それだけ妻に心を許しているからだと私は考えます。もしも夫に話し掛けてもそっけない様子であれば、まずは今は休養中なのかな、お疲れモードだろうからそっとしておこうと広い心で見守ります。そんなときは「怒らない覚悟」を思い出すことが大切です。

とはいえ、夫はそんな妻の優しさに甘えてばかりではいけません。「俺はしゃべりたくないんだから、そっとしておいてくれよ」といつまでも不愛想な態度を取っていては、いつか妻から愛想をつかされることでしょう。

そうならないためには、付き合っていた頃の気持ちを忘れないことです。結婚をするときに、目の前にいる妻を大切にすると誓ったあの頃の気持ちを、いつまでももち続けてください。

男性にとって、一人きりの静かな無言の時間は、大切なものです。でも、時には「自分の大事なものを差し出す覚悟」のほうを優先してみます。妻との対話は、思わぬ豊かな時間となることも大いにあります。

互いの違いを受け入れ、互いを思いやる心さえあれば、良好な夫婦関係は築けるはずです。

「里帰り出産」ばかりが正解ではない

里帰り出産をすれば実母や義母など、誰かしらのサポートがあるため安心して出産を迎えられます。さらに家事も任せられるため、産後の疲れた身体を存分に休ませることができる点も大きなメリットです。

産後は孤独感を抱いてしまう女性が多いので、話し相手がいるのも非常に心強いと思います。妊娠したら里帰り出産をすることが当たり前だと思っている夫婦も多いようです。男性のなかには「自分は仕事が忙しくてなかなか家にいてあげられないので、里帰りしてもらったほうが安心です」と言う人さえいます。

しかし、メリットばかりではありません。

一般的に、里帰り出産は妊娠9カ月までに実家（あるいは義実家）に戻り、産後1～3カ月頃に自宅へ帰るケースがほとんどです。つまりその間、夫と妻、父と子は離れ離れになるというわけです。

仕事が休みの週末は会いに行くから大丈夫と考えるかもしれませんが、週末の数時間だけを子どもと一緒に過ごす夫と、24時間を子どもと一緒に過ごしている妻とでは、子育てに対する意識に関して、どうしても大きな差ができてしまいます。

また里帰りといえど、自宅とは違う場所で生活をすることにストレスを感じる女性も多いと聞きます。「自宅では晩ご飯は19時なのに、こっちでは17時で早過ぎる」とか、「父親が遅い時間までテレビをつけていてうるさくて眠れない」など、生活リズムの違いにイライラが募ってしまうのです。

さらに、実母や義母から必要以上に育児に口出しされるのが億劫で予定より早めに自宅に戻ったという話もよく耳にします。以下は間違ったアドバイスの例です。

●抱き癖がついてしまうから泣いてもすぐには抱っこしなくていい。
↓今は、抱っこは安心感を与えるので積極的に抱っこすることが推奨されています。

●肌がかぶれないようにお風呂上がりはベビーパウダーを使いなさい。
↓パウダーは毛穴を塞いでしまう恐れがあるため、今は乾燥対策にはクリームやローションを使います。

●授乳は3時間おきにしなさい。
↓今は欲しがったときには授乳をしてよいとされています。

このように、昔と今とでは子育ての常識は大きく異なります。

ところが母親世代は自分の子育てを「正解」だと思って今日まで過ごしてきたものですから、つい当時の常識をもち出してアドバイスをしがちです。悪気がないと分かっていても、産後、心身ともに疲れている状態で言われてしまうと、負担に感じるのも仕方ないと思います。

昔は結婚をしたら家庭に入り、夫と子どものために尽くす良妻賢母こそが女性の幸せだとされてきました。しかし、今はそうとも限りません。時代によって、理想の母親像や育児のスタンダードは変わっているのです。

ですから夫側も「母さんがこう言っているんだから、ちゃんとそのとおりにしなよ」「子育てで分からないことがあったら母さんに聞けば間違いないから」といった、自分の母親を例に出した発言はしてはいけません。

ここは「比べない覚悟」の出番です。例えば自分の母親がしていたことを妻に求めるとしたら、それは両者を比較して、母親を優先していることになります。

時代も価値観も違うのです。母親からのアドバイスを単に是とするのではなく、一つの意見、議論のテーマとして受け入れ、最終的には夫婦が二人で話し合って決めることが大切です。

少し強い言い方に聞こえるかもしれませんが、「母さんに聞け」などと言う夫は育児放棄をしているも同然です。実母や義母にすべて任せることで、自分も子育てを「やったつもり」になっていると言っても過言ではないのです。

里帰り出産に頼る前に、まずは今の育児のスタンダードを、妻と一緒に学ぶ気持ちが大切であり、夫婦はそうやって階段を一つひとつ上っていくのだと思います。言い換えれば、出産は夫婦がこれから新しい家族の形をつくっていくための第一歩です。そんな貴重な一歩を一緒に踏み出さないなんて寂しいと思います。

もちろん、なかには諸般の事情から里帰り出産を余儀なくされる人や、里帰り出産をして心から良かったと思う人もいます。どちらが正解かなんて、一概には決められません。ただ一ついえるとしたら、する・しないにかかわらず、子育ては夫婦で協力していくものに変わりはないということです。例えば、

・出生届はどうするか
・食材の買い出しはどうするか
・食事の準備はどうするか
・部屋の整理はどうするか
・外部のサポートサービスを利用するか

里帰り出産をしない場合は産前からしっかり決めておくと慌てなくて済みますし、里帰り出産をする場合は右記の項目についてあらかじめ相談しておくことで、妻が自宅に帰ってきてからも比較的スムーズに生活がスタートできます。

大切なのは二人で力を合わせて、二人の最適解を見つけることです。周りの人が里帰り出産をしていたから、うちも里帰り出産にしようではなく、先輩は里帰り出産をして後悔したと言っていたからやめておこうでもなく、二人にとってベストな選択をしてほしいのです。

ここでも大事なのは「比べない覚悟」です。「よそはよそ、うちはうち」と言い切れる覚悟をもち、二人でしっかりと話し合って決めてほしいと思います。楽しいこともつらいことも、二人で乗り越えてこそかけがえのない思い出になっていくはずです。

育児は二人三脚で進めるプロジェクト

「皿洗いでも手伝おうか？」

一見すると、家事に積極的なデキる夫を想像させるせりふですが、実は妻をイライラさせてしまう表現でもあります。

問題は「手伝おうか？」の部分です。「皿洗いを自分の仕事だと思っていません」と高らかに宣言しているようなものだからです。

妻にとって申し出自体はうれしいことなので、「ありがとう」と口には出しますが、心の底では「なぜ、他人事なの？」といら立ちを覚えずにはいられないのです。

特に出産後の家庭では、家事が爆発的に増加します。

授乳、おむつの取り替え、沐浴、寝かしつけ、哺乳瓶の洗浄・消毒、ガーゼやタオル類の洗濯など、それまでの家事に育児にまつわる仕事が上乗せされるのですから、妻の心身への負担は生半可ではありません。手伝うのではなく、自分の役割として認識していないと妻から腹を立てられるのも無理はないことです。

一方で、男性は「この仕事はあなたの役割だからちゃんとやってね」と言われないと、うまく動けない人がほとんどです。「頼まれていない仕事はしないほうがよい」を基本方針として思考する傾向があるので、妻の態度や会話のニュアンスなどの間接的なアピールから女性の気持ちをキャッチして動くことは得意ではないのです。

何も言われなくても率先して家事をこなしてほしいという女性の願いを叶えるのは、男性にとってはハードルが高いことなのだと理解しておいたほうがいいです。女性が心のなかでいくら察してほしいと叫んでも、その声を聞き取れないのが男性なのです。

ここで提案したいのは家事の分担を決めることです。「家庭内のルール」として夫婦それぞれの役割が明確になれば、男性は時に喜々として家事に取り組みます。指示どおりに動くことは男性の得意分野なのです。

ただし、できないことを分担しても長続きはしません。一度もしたことがないアイロンがけや洗濯物を畳む作業を急に任せられても困惑してしまうばかりです。かといって、ゴミ出しなどの単純作業だけでは「雑用をやらされている」と感じてしまいます。そこで、男性に向いた家事として提案したいのが、料理を作ることです。

料理に関わる仕事の代表格のシェフには男性が多いです。理由には、料理が脳科学的に男性に向いていることが関係していると私は考えます。まず調理全体の工程を把握し、掛かる時間を予測し、作業手順を頭のなかで組み立てていきます。「料理」は一つのことに集中するのが得意な男性脳に非常にマッチした作業なのです。

例えば手が掛かる離乳食のストック作りや週末の台所仕事を担当してくれたなら、妻としてはとても負担が軽くなったと感じて、育児に参加してくれているという安心感を得られるのではないかと思います。

また、男性は褒められることが大好きです。少年のような純粋な面を大人になってももっていますので、妻や子どもから「おいしい！」と言われれば、ことさら張り切って料理に勤しんでくれることでしょう。

もちろんすべての男性が家事が苦手というわけではありません。男性が家事全般を受けもつ「主夫」という言葉をよく聞くようになったことは、きれい好きで掃除や洗濯が得意な男性が増えていることの証左でもあります。

そういった男性には掃除や洗濯を担当してもらえばいいのです。家族みんなが心地よく過ごすために大切なことは、それぞれの得意分野、長所を活かして家庭を運営していくことです。

育児の現場ではとかく頼りにされがちな妻も、初めは「母親1年生」です。夫だって「父親1年生」なのですから、スタート位置は同じです。

それなのに育児が妻の独壇場になってしまいがちなのは、妻は妊娠、出産、授乳を経験し、ホルモン分泌の変化や授乳によって「母親らしさ」を自然と会得して成長していきます。そんな母親に対し、父親は自らの心掛けによって「父親らしさ」を獲得し、成長していくからです。

子どもが育っていくにつれて母親が2年生、3年生と進級していくのに、父親だけは1年生のままでは、結果的に妻に精神的負担を強いることになります。精神的な成長度合いの格差が原因で夫婦関係が拗れてしまうことは珍しくありません。

大切なのは妻側の「人を頼る覚悟」です。この覚悟は家族以外の人の助けを積極的に借りる覚悟ですが、その第一歩は、妻が夫に頼る覚悟です。

いささか頼りなく感じることもあるかもしれませんが、子どもへの愛情は他者と比べる必要はありません。覚悟をもって頼って、経験を積んでもらうことで、代え難い「子育てのパートナー」に、きっと成長してくれるはずです。

父親だって成長を望んでいるし、最愛の妻に頼りにされたいと願っているのです。だから妻は「どうせ夫にはできないから」と諦めずに、短所も受け入れて歩み寄っていくことが大切です。

一方、夫はどうせ妻にしかできないからと腐らずに、家族に向き合う気持ちを忘れてはいけません。補い合い、支え合って「家族として成長していく覚悟」が円満な関係には必要なのです。

夫婦は二人三脚で歩むことで絆を強めます。どちらかに合わせるのでは、片方は疲弊してしまうし、それぞれが自分勝手に歩こうとしては転んでしまいます。二人にとってちょうどよい歩幅とリズムを探り合ってこそ、幸せな夫婦の道は拓けるのです。

お互いの得意・不得意を共有し、ルールづくりを楽しんでみる

夫婦は別々の人間です。100%理解し合って、お互いの不満がゼロであり続けることなどあり得ません。

結婚当初はちょっとした行き違いがあっても恋愛感情の高まりですべてを許せていたのに、時とともに許せなくなってしまい、いさかいに発展するといったことは、多くの夫婦が経験していることだと思います。

また、子どもの誕生などによる環境の変化で、相手への不満が一気に顕在化することもあります。二人だけの関係だったものが、新たなメンバーの登場によってぎくしゃくするのは、むしろ当たり前のことです。

しかし、夫婦の絆はなにも恋愛だけで結ばれるものではありません。例えば家庭内に「ルール」を設け、互いに守ることで信頼で結ばれることもできます。

夫婦の協力が円滑になり、不満が減る。恋愛の一歩先のステージである愛情を育む秘訣はルールにあります。夫婦が強い信頼関係で結ばれていれば許せないことなどなくなって

いくのです。

ここで思い出してほしいのが、「家庭を守る覚悟」です。

一緒に暮らし始めたら、家庭という一つのコミュニティを担う一員になるという覚悟をもつ。一員として、コミュニティのメンバーと役割を分担するのは当然のことです。

そういうと、ルールなんて大げさではないかという声が聞こえてきそうですが、二人でも立派な組織です。なあなあでいることは、避けたほうが賢明です。ルールを決めておいたほうが日常を心地よくスムーズに過ごすことができますし、二人の関係を維持、発展させることにもつながります。

ルールづくりのときは、独身時代、あるいは自分の実家で育まれた価値観を、いったん脇に置く覚悟が大切です。これは口で言うほど簡単なことではなく、一定の勇気が必要です。でも、自分の生き方ややり方に固執していたら、二人のルールづくりはできません。自分の価値観は参考程度に考えて、対話に臨みたいものです。

具体的にはどうすればいいか。まずは家事を例にしてみます。

一言に「家事」とはいっても、どこまでが家事で、どこからは家事ではないのかの解釈は人それぞれです。

この差は男女間で特に顕著であることが分かっています。大和ハウス工業株式会社が2017年に実施した「20代から40代の共働き夫婦の〝家事〟に関する意識調査」では、妻が日常的に行っているのに夫は家事だと認識していない「名もなき家事」の存在が明らかになりました。

特に「トイレットペーパーがなくなったときに、買いに行く」「靴を磨く」「町内やマンションの会合に出席する」は、認識の差が大きいとの結果が出ています。「家族のために」していた家事が、夫には家事と認められていなかったなんて、妻としてはこれほど悲しいことはありません。

ここで役立つのがルールの策定です。夫婦で家事と思っている作業をすべて書き出してみましょう。夫婦の家事への認識が統一され「名もなき家事」がなくなります。そのうえで、家事を割り振るのです。

家事の担当を決めることで、男性にとっても「何をすればいいのか」が明確になり、動きやすくなるというメリットがあります。もちろん、なんでもかんでも分担すればいいというものでもありません。その人にとっての「向き、不向き」を考えずに割り振ってしまうと次のようなケースも起こり得るので注意です。

妻「今日、燃えるゴミの日だから、出しといて！」
夫「分かった！（ゴミをまとめてゴミ捨て場へ）」
妻「ねえ……、新しいゴミ袋、ゴミ箱に設置してないじゃん」
夫「え？」

一般的に男性は一つずつ物事に取り組む「一点集中型の思考」を得意とします。それゆえにゴミを出すという一点に思考が集中してしまうと、新しい袋をゴミ箱に設置するところまで考えが至らないのです。女性は複数の作業を並行して行うことに向いていますが、一般的にいえば、こうしたマルチな行動は、男性には不向きであることを覚えておきましょう。

ここで「なんでこんなこともできないの？」ときつく当たってしまうと、夫のせっかくのやる気をなくしてしまいかねません。

それぞれの向き、不向きを考慮した割り振りと、「夫はここが苦手なんだ」「妻はこれをしてほしいんだ」と理解し、互いを許す心をもつことが肝要です。

また、「なんでこんなこともできないの?」が口癖になってしまうと、子どもに対しても同様の当たり方をすることにもつながります。言われた子どもは母親に苦手意識を抱いたり、自信をなくしてしまったりする恐れがあります。感じたことをすぐに感情的に口に出してしまう前に、深呼吸をして一度考える習慣を身につけましょう。

意見が食い違ったときは「より高い基準を採用しよう」と決めておく

例えば清潔の度合いに関する基準は、きれい好きの妻は食事の前と後の2回、テーブルをクロスで拭いてほしいと考えています。一方の夫は食後の1回で十分と考えています。育ってきた環境が違うのだから、こうした行き違いが出るのは当然のことです。この場合、清潔という面でより上位である妻のほうを選ぶ、というルールです。

どちらの基準を選んだほうが、生活が豊かになるのかは、意外と簡単に判断できるものです。ここに実家はずっとそうだったからといった別の価値判断をもち込まない、とルールで決めておくことが大切です。無駄な争いを避け、心穏やかに過ごすために役立つルールです。

スキンシップを習慣に取り入れる

感情を燃え上がらせるドーパミンの分泌は長くて3年といわれています。つまり、恋愛状態に入ってから3年を過ぎてしまえば情動的なスキンシップは減じてしまうということです。

行ってきますのキスや、おやすみのハグなどをルールとして習慣に取り入れることで、スキンシップレス化を防げます。スキンシップは愛情ホルモンと呼ばれる「オキシトシン」を分泌させて幸福感や安心感をもたらしますので、夫婦円満を長続きさせるためには欠かせません。結婚や、同居のタイミングで定めておくと、習慣化しやすいです。

月に一度の会議をする

毎月一度、本音を言い合う機会を設けることで、ストレスの蓄積を防ぎ、気分をリフレッシュすることができます。会議では決して個の優劣に熱くならず、家庭の利益を優先します。相手の話を遮らず、最後まで聞いてから話しだすことなどを決めておけば、日頃は言いづらいことでも話しやすくなるはずです。お互いに建設的な意見を交わし合うことで信頼感が強まることもメリットです。

夫婦はどんなに心を通わせたとしても、一心同体にはなれません。性別も違えば性格も異なる人間同士なのですから、分かり合うためには互いが歩み寄る努力が不可欠です。「こんな人だとは思わなかった」なんて、ある程度はお互いさまです。お互い縁があって惹かれ合った二人なのですから、乗り越えていけるはずです。

大切なのは「許す覚悟」です。お互いの違いを理解して、その違いを「許す心」こそが夫婦生活を円満にします。男性だからこういうことができなくても仕方ないか、女性はそういうふうに考えることもあるのかと許す。そんな寛大な気持ちをもつことができれば、すてきな家族を築いて、幸せになれると私は思います。ルールは「互いが互いを許しやすくなる」方向で考えることが重要です。

夜泣きの対応は交代制

「ミルクをたっぷりあげてお腹がいっぱいのはずなのに、泣き止まない」
「おむつは全然濡れていないのに、ずっと泣いている」
「抱っこをしても優しく揺らしても、泣き声が大きくなるばかり」

赤ちゃんを育てていくなかでほとんどの人がぶち当たる大きな壁が「夜泣き」です。

夜泣きとは、生後半年から1歳半くらいの赤ちゃんに多く見られ、夜中に突然激しく泣きだし、何をやっても泣き止まない状態のことです。一晩中泣き続ける赤ちゃんがいる一方で、一度も夜泣きをしたことがないという赤ちゃんもいて、身体の成長と同様、夜泣きにも大きな個人差があります。

はっきりとした原因は分かっていませんが、一説によると、赤ちゃんの眠りの浅さが関係しているのではないかといわれています。大人は、睡眠時に約90分のサイクルで深い眠りの「ノンレム睡眠」と浅い眠りの「レム睡眠」を繰り返しています。そして、多くの人はノンレム睡眠の割合が高く、これによって多少のことでは目を覚まさずに朝までぐっすり眠れる仕組みになっているというわけです。

しかし赤ちゃんの場合、ノンレム睡眠とレム睡眠の割合は半々といわれています。大人と比べるとレム睡眠の回数が多く、だから眠りから目覚めやすいのです。

また私たちは、朝に起きて夜に寝るといった生活リズムが体内時計として定着していますが、産まれたばかりの赤ちゃんの体内時計は未熟です。だから、朝・昼・夜の区別がなかなかつきにくく睡眠が不規則になるという説もあります。

とはいえ、今すぐに睡眠のリズムを整えましょうといったところで赤ちゃんがそう簡単に切り替えられるはずもありません。

では、どうすれば夜泣きがなくなるのかというと、実は、これといった解決策は存在しません。メカニズムが解明されていないため、100%の正解はどこにもないのです。

私自身はよく、20~30分ほどドライブに連れ出すと、車の微妙な振動で寝てくれることがある、外の空気に触れると気分転換になって落ちつくことがあると、アドバイスをしていますが、すべての赤ちゃんに効果があるわけではありません。

また、なかにはおくるみに包むと夜泣きが減ったとか、音楽を流して寝かせると落ちついたという人もいますが、これもまた個人差があります。

そもそも、夜泣きの原因を追求すること自体がナンセンスなのです。

もちろん、赤ちゃんが泣いてしまったときにはおむつは濡れていないかな、お腹はすいていないかな、抱っこしてほしいのかな、睡眠中の室温は適切かなといった確認は必要です。しかし、思い当たることをすべてやってもなお泣き止まないときには、何が悪いのかをあれこれと考えて思い悩むのではなく、もう仕方のないことだと腹をくくるしかありません。ずばり、夜泣きは親としての忍耐力を試されていると考えましょう。

誤解しないでほしいのは、私は決して何をやっても難しい場合は放置してもいいと伝えたいわけではないということです。何をやってもどうにもならないからこそ、二人で協力し合ってほしいのです。

産後の妻はホルモンバランスの乱れから、常に睡眠不足の状態が続いています。ここに夜泣き問題が追加されてしまったら、ほぼ眠れずに精神力も体力もどんどん弱ってしまいます。

かといって妻は子守で疲れているから、夜泣きの対応はすべて夫に任せるというのもおすすめしません。今度は夫が倒れてしまいます。どちらか一方に強いるのではなく、負担は分け合うべきなのです。

私のおすすめは、ずばり「交代制」です。例えば、2時間くらいドライブに連れ出すから、その間は寝ていなよ、とか泣き声がうるさいだろうから、1時間くらい別の部屋であやしてくるねといったような、数時間おきに赤ちゃんの面倒を見る人と睡眠を取る人を交代するのです。細切れ睡眠にはなってしまいますが、まったく眠れないよりも疲れは取れますし、夫婦で協力し合うので絆が強くなります。

夜泣きは、渦中にいる間は終わりが見えないと不安になるほど大変ですが、決して永遠に続くわけではありません。赤ちゃんが成長していくにつれ、回数はどんどん減っていきます。

子どもの問題は、夫婦の問題です。「子どもの問題が起きたら二人で乗り越える覚悟」をもって、夜泣きと向き合いましょう。

イクメン、家事ダンの落とし穴

「育児をするメンズ（男性）」の略語で、子育てを楽しみ、自分自身も成長する男性を指す「イクメン」という言葉が、新語・流行語大賞のトップ10入りを果たしてから10年以上が経ちました。

また、料理や洗濯、掃除などの家事を積極的に取り組む旦那さんのことを指す「家事ダン」という言葉も誕生し、言葉の広まりは男性育児の推進にも一役買いました。

ただし、育児や家事に積極的に参加する男性が脚光を浴びた時代はすでに終わっている、と私は思うのです。

当時の父親たちが、「イクメン」という言葉で意識改革を求められたのを第一世代とすれば、今は、その世代が前進させた社会のなかで価値観を醸成された第二世代が父親になっています。すでに「男は仕事、女は家庭」のような固定観念がある父親は少なくなっているのではないかと思います。

それは喜ばしいことである一方、子育てや家事を二人で担う考え方が一般的になってくると、新たに別の問題が生まれてきます。

〈妻〉

「あそこの家庭は旦那さんがもっと協力的なのに……」

「うちの夫は進んでやってはくれるけど、仕上がりの『雑さ』が気になる」

〈夫〉

「自分の家事にダメ出しをされるからやりたくない」

「妻の理想が高過ぎてついていけない」

など、妻からも夫からも不満の声が挙がってくるのです。

そして、世間体や社会の風潮を理由に、批判の的にされやすいのは特に夫の立場です。

私が幼い頃は、親からよく「男だから泣くな、しっかりしろ」「男なら弱音を吐くな」と言われていました。当時はそれが当たり前で、自分でもあまり意識はしていませんでした。幼い頃からそういった言葉を耳にしていたために、今は男らしさを強要するような育て方は良くないと考えている私でさえ、その影響が、まだどこかに残っていると感じています。

ジェンダー平等が叫ばれる現代では、強い言葉こそ聞かなくなったものの、「一家の大黒柱が男であるべき」「男は仕事をするべき」という暗黙のルールがまだまだ人々のなかに根深くあります。にもかかわらず、求められることは増える一方です。

男性が「普通の男性」として生きるハードルがとてつもなく上がってしまったと思うのです。

さらに、今の20代～40代にあたる子育て世代はバブル崩壊後に生まれ、長く続くデフレ不況ばかりを経験し、好景気を経験していません。

仕事についていても、昔のような終身雇用が保障されることはなく、待っていれば自然に給料が上がることもありません。公務員であっても、必ずしも将来にわたって安泰とは言い切れない時代です。そうした社会のなかで生まれ育った父親たちは、一世代前の私たちに比べて、非常に真面目で堅実な傾向があると思います。

だからこそ、できる限り仕事も育児も頑張って、しっかりするのが当たり前と考え、真面目なパパになってしまいがちだと思うのです。子煩悩で育児に献身的な姿勢には感心しますが、あまり気を張り過ぎると危険です。

男性にも産後うつがあります。子どもが生まれることで父親が精神的に不安定になってしまうことを総称して「パタニティブルー」と呼びます。

2020年に報告された、「日本で実施された33編の論文結果を用いたメタ解析の結果」によると、産前に父親が「うつのリスクあり」と判定される頻度は8・5%。産後1年間では8・2%~13・2%とされています。

また、女性の産後うつは、ホルモンバランスの変化が影響していますが、男性の場合は育児の不安や責任感からくるプレッシャーが背景にあり、妻の出産前から産後1年まで続く人もいるのです。

夫が一人で思い詰めてうつにならないためにも、女性には彼の「居場所」になってほしいと私は思います。ご機嫌取りをしてくれというわけではなく、常にパートナーの味方でいてあげてほしいのです。

例えば、仕事から帰ってきた夫が家で愚痴をこぼしているときには、

そんなことより、お風呂を洗ってほしい

など、たとえ心でそう思っていても絶対に口に出して言わないでほしいのです。仕事でも家でもストレスがのしかかると、夫は自分の居場所がなくなったと感じてしまいます。

思い出してほしいのは「何があってもパートナー・配偶者の味方でいる覚悟」です。その覚悟を決めると、夫には妻が、妻には夫が絶対的な味方として存在しているという安心感が生まれます。この安心感があれば、たいていのことは二人で乗り越えられるようになります。

また、そうした覚悟があれば、どんな状況にいても「お互いさま」「いつもありがとう」という思いやりの気持ちがもてるようになるはずです。

育児も夫婦生活も受け身ではなく同志として、仲間として、味方として、居場所として、自分から与えることを大切にします。

「怒り」は時間が解決してくれる。怒らない選択を

いつも笑顔で穏やかに過ごすことが夫婦生活の理想だと分かっていても、日常の些細な出来事をきっかけについカッとなり、夫婦ゲンカに発展しがちな場面は多くあります。

さらに子育てとなると、部屋は散らかし放題、朝になっても起きない、言うことを聞かないなどは日常茶飯事です。イライラの連続で、時には感情がドカンと爆発してしまうこともあると思います。

しかし、怒りやイライラに振り回されて、感情を相手にぶつけてしまえば、夫婦関係を冷え切らせてしまったり、子どもとの関係を悪化させたりすることにつながります。そうならないためには、怒りを相手にぶつけるのではなく、自分の怒りを上手にコントロールすることが大切です。

この怒りのコントロールを、アンガーマネジメントといいます。直訳すると怒りの管理方法です。怒りの感情と上手に付き合うための心理教育・心理トレーニングとして、1970年代にアメリカで生まれました。

当初は犯罪者のための矯正プログラムなどとして活用されていましたが、時代とともに一般化され、現在は対人関係におけるさまざまな場面でこの手法が取り入れられています。

怒りのメカニズムはライターによく似ています。ライターは、着火スイッチを押すと火花が発生し、燃料であるガスに引火させることで、炎を灯します。

これを人の感情に置き換えて考えると、不安や不満などのマイナスの感情や思いが溜まっているガスとなり、自分のなかにあった理想や価値観が裏切られたとき、着火スイッチが入ります。そしてマイナスの感情が溜まっているほど、怒りの炎が大きく燃え上がってしまうのです。

怒りは、相手にも自分にも強いストレスを与えます。自分の責任で怒りをコントロールできれば、怒るか怒らないかといった感情を選べるようになるということです。

これらのコントロールにはいくつかの対処法があります。「アンガーマネジメント」のなかでも特に有名なのは、怒りを静める「6秒ルール」です。どんなに激しい怒りでも、感情のピークは長くて6秒だといわれています。6秒ルールさえ乗り切れば、衝動的な行動を起こしにくくなるのです。怒りを感じて、頭に血が上ったと思ったら、とにかく6秒待ってみます。頭を真っ白にするか、6秒を数えるか、人それぞれのやり方でOKです。

6秒をカウントしている間、怒りを数値化するのもおすすめです。10点満点の怒りメーターをイメージしてください。平穏な状態を0、人生最大の怒りを10として10段階で怒りに点数を付けます。

採点中、怒りを客観視できるので、怒りが沈静化するのを助けてくれます。また、「今日の怒りは3点くらいかな、今回は怒る必要がないことかもしれない」というように、過去の怒りと比較して、現在の怒りを相対評価すると、今、怒るべきか怒らないべきか、感情を選択できるようになります。

私の場合は、その選択すらも5年前にやめました。自分のなかで「怒らない」一択と決めたのです。それまでは週に一度はカッとすることがある日々を送っていましたが、これを決めてからは、怒っていません。「怒らない覚悟」です。

人に対して怒りの感情を抱くとき、私たちは、相手に何かを期待しています。そして怒りの矛先を向けるときは、私だったらこうするのにと、自分の感覚や流儀に勝手に当てはめています。相手にとってはお仕着せがましくなっていることにも気づかず、自分自身の正義や正論を押し付けている状況です。ましてや、相手の考え方や言動を変えようとするのは、時間もエネルギーも掛かり、ほとんど不可能だと考えたほうが得策です。

そう考えると、自分が変わることのほうがよっぽど簡単なのです。例えば、相手に変わった癖があるなら、悪いと考えるのではなく個性と考えてみます。個性という見方をすれば、魅力の一つに見えてくるはずです。

心のもちようで感じ方が変われば、それだけで問題が解決しやすくなります。

物事の考え方を変えるという発想は、人生を大きく変えていくことにつながっています。そして、面白いことに自分が変わると往々にして相手も変わってくるのです。

でも、今こうして冷静に考えを巡らせられるのは、私が60代も半ばになっているからです。若いときはもっと怒りの感情がふつふつと湧き上がっていました。「怒らない覚悟」を決めるのは簡単でありません。だからこそ、二人で一緒に考え、お互いが優しくなって夫婦生活を営み、子育てに向かうことに意味があると思うのです。

夫婦円満に必要なのは「嫌われる勇気」よりも「好きになる努力」

すべての悩みは対人関係の悩みである――。

これは、かの有名な心理学者、アルフレッド・アドラーが唱える「アドラー心理学」の根底を流れる概念です。この概念を分かりやすく紐解いた書籍『嫌われる勇気　自己啓発の源流「アドラー」の教え』（岸見一郎／古賀史健：著、ダイヤモンド社）では、「周囲の人に嫌われたくない」と考えて、他人の反応や評価に縛られながら生きる人に、生き方や考え方を説いています。

人間は、数十万年も前から、ほかの個体と協力して社会を形成して生きてきました。相手に認められたり好かれたりすることを生きるすべとして身につけ、共同体の一員になる必要があったのです。

現代の私たちにも遺伝子レベルでそのすべが刷り込まれ、個人差はあるものの誰もが本能的な承認欲求をもっています。人はとにかく自分のことを他人に理解してもらいたいし、大切に扱われたいと感じる生き物なのです。

パートナーという間柄になると、この欲求は顕著に現れてきます。

「家事や育児を頑張っても誰も褒めてくれない」

「髪型を変えたのに夫は気づいてくれない」

「仕事を頑張っていても感謝されない」

「よその旦那さんと稼ぎを比べられる」


これらは、「褒めてほしい」「気づいてほしい」「感謝してほしい」「比べないでほしい」などすべて相手に向けられた欲求で、評価や反応が相手に委ねられたものです。

基本的にはこちらでコントロールできるものではありません。いくら仲の良い夫婦であっても、家族であっても、親子であっても、相手は自分とは違う他人だからです。

相手の気持ちを尊重しながら、褒め言葉や愛の言葉が飛び交うような関係を続けるには、やはり好きになる努力が必要です。

新婚ほやほやで、今まさに幸せの絶頂にいる二人なら自分たちは大丈夫と思うかもしれませんが、出産を経験すると、女性のホルモンバランスが変化することで夫婦仲が急激に悪くなる、産後クライシスに陥ったりする可能性は誰にだってあります。2012年にNHKの情報テレビ番組『あさイチ』で報道された言葉として、次のようなものがあります。

「夫に愛情を感じなくなった」
「夫に対してイライラする」
「夫婦二人でいると違和感がある」
「夫に触れられたくない」

これは産後クライシスの渦中にある女性たちのリアルな声です。「できるならこうはなりたくない」「夫婦円満でいたい」と、多くの人はそう思うはずです。

二人の関係を維持するには、もちろん、どちらかの努力ではなく二人の努力が必要です。そして、特に重要になるのが、女性の愛情だと私は思います。

男性は女性のことを「積極的に嫌いになっていく」ことが、ほとんどありません。一方で女性は子孫を残すことが大切で、パートナーを蔑ろにしがちです。夫の嫌なところが見えてくると、それを「嫌い」と思う傾向が強いようです。

その気持ちは言葉になって漏れ出てきます。

「(子どもに向かって) パパ、太って嫌だねー」

「(友人に向かって) うちの旦那、稼ぎが悪くてさぁ」

なんて、日常会話の延長に話してしまう行為は、本人にはなかなか言えないけれど、誰かに聞いてほしい、味方になってほしいという心理からの言葉かもしれません。しかし父の悪口を言われた子どもは、子どもなりに空気を読んで板挟みになってしまいます。これが続くと、ストレスを感じたり、母親と一緒に父親嫌いになったりとどちらも良いことがありません。

ママ友に夫の愚痴をこぼすのも同じです。少しなら共感をしてくれるかもしれませんが、基本的に自分が結婚した相手を悪く言うのは、自分に向かって唾を吐くようなものなので、控えるほうが得策です。

本当に文句や言いたいことがあるなら、いっそ本人に直接言うべきだと私は思います。

しかし夫婦といえども親しき仲にも礼儀ありです。男性は女性に嫌われると、大いに傷つきます。妻にとってはちょっとした注意や否定の言葉であっても、心に深く突き刺さり、それが夫の用もない外出や、はては浮気につながってしまうこともあります。

ここでいう好きになる努力は恋愛感情が盛り上がっていた頃の言動を意識することだけではなく、目には見えない思いやりや気遣い、感謝、尊敬などの愛情も含まれます。関係性が長く深くなっている夫婦こそ、ここがぞんざいになってしまっていないか見つめ直します。もちろん、「好き」「ありがとう」「愛している」とストレートな言葉を掛けることも大切です。子育て中も、夫婦としての関係を意識して、愛の言葉を多用することで、二人の関係性はもちろん、家族としても良い関係でいられます。

人間にとって嫌われる勇気は確かに大切ですが、夫婦間においては「好きになる努力」のほうがずっと重要です。一緒にいるときは、常に意識してほしいものです。

いきなり育児を始めるのは受験勉強せずに東大を受験するようなもの

「子どもが生まれたら、親になれる」

「親の自覚は子育てのなかで養われる」

子どもを授かり、妊娠や出産を経験することは、喜びに溢れる人生の一大イベントです。特に妊娠中は、我が子の誕生を今か今かと待つ幸せな時間です。性別や名前を考えたり、夫婦二人で旅行をしたり、ベビーグッズやマタニティグッズを買ったりと、心がはずむ気持ちは十分理解できます。

しかし、本当の意味で親になるということについてどのくらいの人が本気で考えているか、疑問に思っています。

約10カ月間を掛けて母親の子宮で成長し、生まれてくる小さなヒトの命は、人間以外の哺乳動物にとって出産はそう困難なものではなく、たいていは母親一人で出産をし、子どもは産後すぐに動きまわることができます。

しかし、ヒトはそうではありません。大人の介入がなければ、その日を生き延びることも難しいとても弱い生き物です。

そんなことくらい、分かっていると、思われるかもしれません。しかし、多くの親は妊娠期間を夢見心地な気分でぼんやりと過ごしていると私は思うのです。妊娠期間は本来、パートナーと二人で覚悟を決めて、子どもを迎える準備をする時間。のんびりと待っている暇はないですよ。

親になるということは、自分以上に大切な存在ができるということです。自分たちが最優先だった今までどおりの自由な二人ではいけないし、互いの非を責めて言い争っている場合でもないのです。寝る間を惜しんで子育てをし、疲れた身体で働いたり家事をしたりは当たり前です。稼いだお金は子どもに使い、子どものために貯蓄します。

こんな言い方をすると、脅しているように聞こえるかもしれませんが、親になる覚悟とはそういうことです。

一昔前は、男女の役割分担がはっきりしていて、子育てを担う女性は姑やご近所の女性たちを手本とすることができました。母というお手本がすぐ近くにあったのです。

それが今では、核家族化、少子化が進み、家族の形が多様になったことで、身近にロールモデルとなる人がいないことのほうが多くなっています。

これは親になるという意識やけじめが付けづらい環境にあるということです。覚悟ができないままの二人が親になると、子育ての仕方や考え方、子どもとの関わり方などに戸惑いや反発が生じて、夫婦関係や親子関係に大きな影響を及ぼします。最悪の場合は、児童虐待やネグレクトなど深刻な問題につながりかねないのです。

では、本当の意味で親になるとはどういうことかというと、それは特別なことだと大上段に構えることはありません。親になる最初の一歩として、いちばん簡単にできるのは、生まれてくる子どものために出産や子育てを夫婦で一緒に勉強して、考え、準備をしておくことです。

例えば、大学受験をする際にまったく対策をせずに受験会場へ来る人はいないと思います。

「親になる」ことも同じです。いや、もっと準備が必要だともいえます。なぜなら、子どもを産み育てることには、答えや正解がないからです。育児は私たちのライフイベントのなかでも最も難易度が高い営みともいえます。

そんな難関になんの準備もせず向かうのはかなり無謀で、行き当たりばったりの考えでは、あまりにもリスクが高いと心得る必要があります。

意識して親になることを考え始めると、「こんなときはどうしようか」と、自分たちなりの子どもや子育てに関する考えが見えてくると思います。一方で、なかには、「やっぱりそのときになってみないと分からない」という問題にもぶつかると思います。

そんなときは無理に答えを出す必要はありません。大切なのは、分からなくても、分からないなりに二人の考えを巡らせておくことです。そうすれば、いざ必要になったときに、「あのときはこう考えていたけどどうだろう」「もしかしたらこっちのほうがいいかもしれない」と、より良い考えに辿り着ける可能性が高まります。そうすれば、次第に「家庭を守る覚悟」が固まり、お互いを尊重しながら、「子どもの問題は二人の問題」ととらえて向き合っていくことができるようになります。

親になることは、簡単ではありません。

かといって、天才である必要も特殊能力を発動させる必要もありません。すくすく育つ子どもと一緒に、夫婦として二人で成長をしていきましょう。

いつまでも「恋人同士」でいたい二人へ。ボーダレス化の危険性

「結婚してから君は変わった」

「あなたこそ、そんな人じゃなかったわ」

もはやテレビの恋愛ドラマや恋愛小説の主人公カップルですら言い合わないチープなせりふだと思いきや、意外と現実の家庭ではよく言われるせりふです。しかしロールモデルがない時代だからこそ、自分たちで組み立てていくことが必要です。周りの意見や専門書に書いてあることは、あくまで参考程度に考えて、二人の考えを大切にしてほしいと思います。

冷静に考えれば当たり前の話です。結婚すれば環境は変わる、環境が変われば人は変わります。お互いが独身時代の生活スタイルや価値観のまま、というわけにはなかなかいきません。

特に赤ちゃんが生まれたカップルは「親」という役割と環境が加わるので、それぞれ独身時代の生活スタイルや価値観のままで、共同生活を営むのは至難の業です。変わったのならばそれは基本的にポジティブなことなのです。

ただ、私はずっと恋人同士なんて、そんな都合のいい話があるものかと言いたいわけでもありません。

これまであなたが出会った、もしくはテレビや雑誌、ウェブで見た数多くの夫婦のなかには、とても仲が良く、まるで独身時代の恋人同士のままのようなカップルがいたはずです。子どものいない、二人だけの生活だから――確かにそれは一つの大きな要因かもしれません。私の周りを見てみても、恋人同士のように、ずっと仲の良い夫婦は子どものいないカップルが大半です。

子育てが終わって子どもたちが独立したら、私たちもまたあの頃のように恋人同士に戻れる、そう思っている人もいるかもしれませんが、一度男女の心が離れてしまうと修復するのはとても困難です。もし、男女としての関係性が薄れているのならば今すぐにでも行動すべきです。

あなたの周りで、子どものいる夫婦あるいは子どもと一緒に暮らしている夫婦でも、恋人同士のような関係を続けている二人はほとんどいないと思います。

一言でいってしまえば、環境は変わっても「男と女の関係とスタンス」をキープしているか否か、です。言い換えれば多くのカップルが、「入籍した」「結婚した」「家族になった」「子どもが生まれた」という安心から「男と女の関係とスタンス」という境界をなくしてしまうのです。

分かりやすい話でいえば、パートナーの前でオナラができるか？

「家族なんだからなにも恥ずかしくない。むしろなんでもさらけだしている証拠じゃないか」

家族なんだから当たり前、という理論武装によって、たいがいのことならば何をやっても許されるという意見ですが、これは身勝手な思い込みではないかと思うのです。こういった些細なことからも「男と女の関係とスタンス」を大事にしたいという「思い」と「気遣い」が垣間見られます。ただ、これが一方通行では「恋人同士」には戻れないわけです。

恋愛感情がなくなっても、夫婦は夫婦として存続できるのか――これは人類にとって大きな一つの命題だと思います。友人関係のような夫婦も、それはそれで成立するのかもしれませんが、お互いを異性として尊重した結果、そうなるのならば、自然なスタイルだともいえます。

ただいえるのは、恋愛感情はなくなっても、うちは子どもがいるからそう簡単には離婚しないという安易で、都合の良い考えは、決して家族を幸せにしないという事実です。やはり愛する人と結ばれた以上は、死ぬまでお互いの愛を育んでほしいと私はそう思います。

愛は相手へ尽くす思いやりと、お互いの恥じらいで育ちます。もし、パートナーとの間に恋人のときのような思いが薄れてきていると感じているのならば、今からでも遅くはありません。あの頃とは大きく変化した今の状況のなかで、男女の関係を取り戻すには何が必要なのかを考える必要があります。キーワードは「思いやり」と「恥じらい」です。相手への気遣いよりも、自分の気楽さを優先させていないか、改めて考えることが大切です。

「セックスレスが夫婦の危機」は真実？

夫婦になった男女関係でよく話題になるのは、セックスレスの問題です。これは熟年夫婦だけの問題ではありません。なかには「20代で結婚して披露宴の夜からまったくなくなった」という人もいるほどです。

なくなるきっかけは男女それぞれの告白によるとさまざまです。

「そもそも相性が良くない」
「気持ち良くない」
「求めたら拒否された」
「確証はないが自分以外の相手に抱かれている」
「今までになかったことを強要された」
「そういう雰囲気になると無理じゃないけど何か違う」

後ろめたさや猜疑心はどうしても心に距離をつくります。そうなるとお互いの物理的な距離も生まれるものです。

かといって、もうパートナーには愛情はないのかと問われれば、必ずしもそういうわけではありません。なくなるから心が離れていくのか、心が離れていくからなくなるのか。ここは微妙な問題です。

実際にこんなケースを聞いたことがあります。

夏はエアコンをつけないと眠れない暑がりの夫と、冷え性の妻。新婚の二人が出した解決策は別々の部屋で寝るという選択でした。

最初はあまり気になりませんでしたが、別々に寝るのが当たり前になってくると、欲望はあっても「もしかしたら疲れてぐっすり寝ていて相手にしてくれないかもしれない」「わざわざ隣の部屋まで行くのが面倒だ」といった心理的な歯止めが生まれたそうです。

気がつくと夜の営みは極端に減っていきました。でも、いったん離れると同じベッドで寝ることはなかなか難しい、そういったケースも多いです。

ここで大切なのは「なくなる」もしくは「なくなった」と感じたときに、どうやってスキンシップとコミュニケーションを図り、いかにリカバリーするのかです。

パートナーの肌に積極的に触れることは何よりも大切です。例えば、いってらっしゃい、お帰りのハグや頬へキスしたり、外出したときは手をつないだり腕を組んだりすると効果的です。手の指で腕を軽く握るだけでも、ストレスホルモンであるコルチゾールを低下させ、信頼を生み出すオキシトシンの放出を促すそうです。

もし、まだセックスレスになっていない状態ならば、今のうちから二人でルールを決めておくことです。例えば朝、別れるときと、夜に会ったときは必ずハグをする。キスをするとか、どんなにケンカしても、一緒のベッドで寝るなど、スキンシップが途絶えることのないように、あらかじめ予防線を張っておくのです。

すでにセックスレスになった夫婦も、諦める必要はありません。スキンシップが生まれるコミュニケーションのきっかけづくりはたくさんあるからです。

プレゼントをする、ラブレターを渡す、好きだ、愛していると口に出して言う、ありがとう、ごめんねをきちんと伝える、記念日や出産ムービー、昔の写真を一緒に見る、家族のイベントを一緒に祝う、夫婦だけで外食する、旅行するなど、こうやって文章を読むだけでも思い出のワンシーンがよみがえってきたのではないかと思います。

そして、最も大切なのは「素直になる覚悟」です。セックスレスで悩んでいるとしたら、それはパートナーとのスキンシップを増やしたいと思っているということです。だったら、そのことを素直に相手に伝えてみます。

意地を張ったり、頑固になったりせずに、パートナーの前で素直な自分をさらけだすのです。口で言うほど簡単なことではありませんが、勇気をもって一歩を踏み出す価値のある行動だと私は思います。

セックスレスは夫婦の危機かと問われれば、確かに一つの危機であると認めざるを得ません。ただし、挽回が不可能な危機ではありません。私はいくらでもチャンスはあると思います。場合によっては二人でこれを乗り越えることで、関係をもっと深めることにつながります。夫婦に訪れる試練は、すべからく成長の機会なのです。

「ちゃんと話し合おう」は危険。「とことん話し合う」は絶対に禁止

大恋愛の末に結婚したとしても、うまく二人の生活が続かないケースは本当にたくさんあります。

何か小さなきっかけで感情的な言い合いになってしまい、取り返しがつかなくなることも決して珍しいことではありません。

しかし、ぶつかり合うのは至極当然の話です。血のつながっている親兄弟、親戚であっても相手のすべてを理解すること、分かり合うことは難しいです。それはパートナーも然りです。人生の長い時間を二人で過ごしてきたとしても、所詮、自分は自分で、他人は他

人だからです。とはいえ、頭では分かっていても、いざ「どうして私のことを分かってくれないの？」というスイッチが入ってしまうのが人情というものです。

そうなったとき、「ここは決して怒らずに、努めて冷静になろう」と心掛けて、「ちゃんと話し合おう」というモードになる人は多いと思います。

ここでは「怒らない覚悟」が有効に作用しています。いっときの感情に任せて相手を傷つけるような言動をしないことです。

でも、怒ることを回避できたとしても、安心はできません。その次の「ちゃんと話し合おう」にも注意が必要です。さらにいえば、お互い納得するまで「とことん話し合おう」は絶対に禁止です。

まったく違う環境や考え方で育った夫婦がとことん話し合ってしまうと何が起きるかというと、最初は穏やかだった対話も、論点が本質に移り始めていき、

「あなたの家の考え方は間違っている」

「それは世間一般からずれている」

と間違いや欠点ばかりを探す時間になりかねません。その先はお互いがお互いの提案に

「私がこれを我慢するのか」「なぜ俺が毎日これをしなきゃいけないんだ」と不満を募らせていく結果になってしまいます。

そうなると、せっかくの「怒らない覚悟」ももてません。なんとか相手を論破しようと心も頭もヒートアップします。やがてどちらかが相手を言い負かし、どちらかが敗者となって明日への絶望を感じるわけです。勝ったほうは自分の理屈が通ったと意気揚々とするかもしれませんが、実は二人の関係性は話し合う前よりも悪化しています。

大切なのは「話し合う」ではなく「許し合う」こと。そう、「許す覚悟」です。

夫婦の間に何かいさかいが起きても、意見の食い違いがあっても正解を追い求めずに、お互いを許し合う覚悟。この覚悟を実現するためには、「ちゃんと話し合う」「とことん話し合う」はマイナスでしかありません。

私は「話し合う」ではなく、「ちゃんと許し合う」「とことん許し合う」ことを声高らかに推奨します。大切なのは言い合うことではなく、「そんなところに不満があったんだ、ごめんね」「へぇ、そんな考え方もあるんだ」「やっぱりそういう性格なのかなぁ、面白いね～」とお互いの違いを受け入れることです。

世の中の離婚の多くの原因は、話し合いをしたからだと私は考えています。ちゃんと話し合おうとすると、どちらが正しい、正しくないに行きがちです。結論を出そうとすると危ないのです。本当の結論はこれから先も、ずっと仲良くしていくという一点だけなのですが、そこからどんどんずれていってしまうのです。

では、問題が起こったときにどうなるかといえば、言い合いになるようなときは、自分の思ったとおりにならない、思いどおりに相手が動いてくれないといったケースがほとんどです。

ここでもっていてほしいのは、「相手の望むやり方を受け入れることはできないのか」という思考の余裕です。もし、できるのならば、許してみましょう。すると、不思議なことに、自分のわだかまり自体が消えることがあります。

相手を許せないのは、実は「自分のなかの同じ性質が許せない」ことに起因していることが多くあります。

例えば、夫が自分の言ったとおりに家事をしてくれないことにいら立ちを感じるとしたら、もしかしたら、「本来は少し手を抜いてもいい自分」に気づきながらも、「きちんと完壁にこなさなければならないと思い込んでいる自分」を無理に優先して生きている可能性があります。そんなとき、夫の家事の緩さを笑って許せたら、自分のなかの思い込みも、同時に外れることもあります。

相手を許すことは、自分を許すことにもつながるのです。そんなふうに考えれば、夫婦の食い違いも、自分のこだわりを知るチャンス、つまり成長のチャンスととらえられるのではないかと思います。

【今後の二人へ】

子離れできない親に共通すること

子離れできない。

一言でいってしまえば、それは「精神的に強い依存関係」が原因です。

親からしてみれば、いくつになっても子どもはかわいいものです。特にその子を、全力で、命懸けでこの世に産み落とした母親にとってみれば、他の誰よりもかけがえのない存在です。

ただ、いくつになっても子ども扱いされるのは、子にとって迷惑な話です。

私は思春期を迎えたら、「子」であるとともに、「個」として認めるべきだと思います。思春期の子どもは親から離れたいと思っています。その欲求の実現を、親のほうも上手に促してあげるのが理想的です。

もちろん、経済的にはまだ親に頼っている状態ではあります。ただ、精神的には一人の大人として対応することが大切です。それが子の社会的存在となるための成長を助けることなるのです。

しかし頭では分かっていても、なかなか子離れができない人は少なくありません。そんなときはまず、夫婦の関係を見直してみることが重要です。

人間にはどうしても愛情を注ぐ相手が必要です。本来は自分の配偶者であればいいのですが、それが叶わないから、愛情を子に集中して注いで、結果離れられなくなってしまいます。これはとても危険な状態です。

さらに夫婦仲が悪いと分かっている子は、「親を支えないといけない」という心理から、愛情を掛けてくれる親のほうのフォローに回ろうとします。これもいびつな関係です。度が過ぎると、子の人生を狂わすことにもなりかねません。

夫婦関係がうまくいっていると、自然と子育てを離れて早く自分の時間をつくりたい、夫婦二人の時間を楽しみたいという思いが生まれるはずです。

子どもにしてみても、夫婦がうまくいっている家庭であれば安心してリラックスして過ごせることから精神的な余裕が生まれ、自然に親離れができるはずです。

親が子どもに固執するのは、子どもが離れていくと、一人になってしまうかもしれないという恐怖心があるからだと思います。しかし子どもはいつか巣立っていくのですから、やはりパートナーとの良好な関係を築いておくべきです。そのためには今の夫婦の現状から逃げることなく向き合い、改善に努めることです。

今は子どもがいるおかげで、夫婦仲がそれほど良くなくても、子が潤滑油となって、家庭は円満に回っているかもしれませんが、彼ら、彼女らが出て行ったあと、結局は夫婦二人が残されるのです。

そして、人生100年時代となった今、二人きりの人生は、子どもの独立後、40年、50年と続くと思います。残されるのは口ゲンカばかりの夫婦二人では、あまりに悲し過ぎます。

子離れができないと感じたら、それは「夫婦関係を見直しなさい」という天からのアラームだと考えてください。大切なのはあくまで夫婦二人でしっかりと子離れをすることです。

子どもを幸せにするために、まずは夫婦で幸せになる

夫婦間や家庭で起きるさまざまなケースを基に、「夫婦（家庭）における10の覚悟」について挙げてきましたが、なんのためにこれらの覚悟が必要なのか、それはすべて大切な相手との関係や子どもを守るためです。

覚悟を決めることで手に入る幸せがある一方で、リスクや責任ももちろん背負います。それは自分だけでなく相手も同じです。

「夫婦とは、運命共同体である」

という言葉があるように、誰かと一緒に人生を生きるということは、良いときも悪いときも、いかなるときもともに歩んでいくということです。

例えば、なんらかの事情により、夫が長期入院になったとします。入院するのは夫だけなので、妻の健康状態に影響はないはずですが、実際そうではありません。

夫が入院して身動きが取れなくなると、妻は夫の体調を第一に気遣いながら、家ではいつもどおりの家事に追われ、夫が休職する間のお金についても考え始めると思います。考

え込んで溜まったストレスは、体調にも影響します。

このように、相手の健康状態一つでも自分にも降りかかることがあるのです。長い年月をともにすればするほど、理想論やノリ、勢いでは越えられないことが起こり得ると大いに考えられます。

だからこそ「結婚＝ゴール」ではなく、ともに生きるという覚悟が決まったらそこからが夫婦としてのスタートであり、二人で一緒に成熟していく必要があるのです。

子どもの誕生となると、守るべきものが増えるので、自ずと必要な「覚悟」も増えます。大きくとらえるならそれは、「子どもを幸せにするための覚悟」です。これは夫婦で足並みをそろえて、もっていなければなりません。

「子どもを幸せにする」となったとき、どんなイメージを抱くかというと、言葉やものを使って褒めたり喜ばせたり、将来のために早いうちから英語を学ばせようと習い事をさせたりすると思います。考え方によってさまざまでしょうが、私は、何よりも家庭の中心にいる夫婦二人が幸せで、笑顔でいることが大切だと考えています。

どんなに裕福で好きなおもちゃを与えられていても、パパとママがずっとケンカをしているような家庭だったら、その子は幸せといえません。

大人が思っている以上に、子どもは毎日の生活のなかでよく親を見て育ちます。だからこそ、夫婦が二人で仲良さそうに話していたり、笑顔が絶えないような家庭を築けていられれば、子どもは簡単に幸せを感じられるのです。

まずは、二人の幸せを第一に考えられるようになる必要があります。

例えば、夫婦二人の共通の趣味がキャンプなら、子どもを連れてキャンプ道具を見に行ってみます。大人のウィンドー・ショッピングなので、子どもは最初つまらない顔をするかもしれません。しかし、そこでなにやら楽しそうに買い物をする親の姿を目にします。

他愛もない会話から、キャンプが何か分からなくても「パパとママが楽しそう」「なんだか面白そう！」だと幸福感を得られるのです。

こうした幸福感は子どもに安心感を与え、心の根っこにある自尊感情を育みます。これは「自分は生きていていいんだ」「自分は大切な存在なんだ」という感覚で、「自己肯定感」ともいわれる感情です。

この感覚が子どもの心のなかでどれだけしっかり張り巡らせているかで、人生の幸福感が決まると言っても過言ではありません。

親の幸せを見ないで育った子どもは、幸せが分からないまま大人になります。それはとっても悲しいことです。結婚や出産に偏見をもったり、自分の幸せのつくり方が分からなかったりして、結果的に同じことを繰り返してしまう。そんな悪循環を断ち切るためにも、今、夫婦が仲良く、幸せでいることが大切なのです。

よく、子どもが生まれると遊びに行く場所も車で流す音楽もすべてを子どもの基準に合わせてしまいがちですが、たまにはそうでない日があってもいいと思います。二人がありのままの二人でいられる時間も変わらずに大切にしてほしいと私は考えています。

子どもが大人になって自分の幸せについて考え始める頃、子育てを終えた二人が最期まで仲良くいられたら、これほど幸せなことはありません。

［PART 3］

実例に見る夫婦のあり方
夫婦円満に過ごすための
産婦人科医からのアドバイス

【体験談1】

赤ちゃんと二人きりだとなぜつらい?

Aさん夫妻は3人の子宝に恵まれました。今でこそ子煩悩な夫のAさんですが、実は第一子誕生のときは育休を取得せずに通常どおりに仕事をしていました。だから子どもと過ごす時間は夜と週末だけでした。当時を振り返りAさんは、「自分は子育てに関してばっちりだと思っていた」と言います。

一方、Aさんの奥さんは「自分だけが取り残されたみたいでつらかった」と振り返り、「家にいたら自分と赤ちゃんと1対1でおかしくなりそうだった」と話していました。かわいいはずの我が子と二人でいられるのにつらいと感じてしまっていたそうです。

日中、仕事で外に出ている夫や、週末だけ面倒を見ている祖父母にはなかなか分かりづらい心境だと思いますが、これは特別「おかしなこと」ではありません。

機嫌の良いときだけ、にこにこと笑っているときだけ一緒にいて、かわいい姿を見ていれば愛しくてたまらない気持ちでいっぱいになりますが、一日中、赤ちゃんと二人きりになる母親は思いどおりにいかない育児に一人で対峙するのです。

一昔前であれば、近所付き合いが多く、地域で子育てをするようなことが当たり前でしたが、現代は母親の多くが密室で育児をするようになりました。

Aさんの奥さんも例外ではありませんでした。ママ友の存在はおろか、マンションの隣の住民さえ分からないなかでの慣れない育児は閉鎖的な空間で、やっと我が子を泣き止ませ束の間の一人の時間にSNSを見ると、そこには家事もおしゃれも完璧でキラキラしたママの育児や、華やかに遊ぶ独身の友人の楽しそうな投稿が流れてきます。Aさんの奥さんはこれを見てさらに罪悪感を覚えたり、自己嫌悪に陥ったりしました。

こうした状況になりやすいのは、もともと自分に厳しくストイックで、なんでも一人で抱え込んでしまう責任感が強いタイプの人です。自分はそうじゃないと思っていても、産後に性格が変わって非常に真面目になる人もいます。

意識してほしいのは、完璧になる必要なんてないということです。もっといえば、子育ては適当なくらいがちょうどいいのです。よく、真面目な人ほどうつ病になりやすいといいますが、本当にそのとおりで適当な思考ができる人はうつになりません。子育ては80％

でも、60%でも良いと考えます。大切なのは100%完璧を目指すのではなく、子どもが幸せであることです。

第二子誕生から1歳まで「正直、覚えていない……」

奥さんが育児の最初の壁にぶつかっていた1年目、Aさんは本当の意味で育児の大変さや奥深さに気づけていませんでした。毎日、仕事が中心の生活で「気づいたらこの前生まれたばかりの我が子が1歳の誕生日を迎えようとしていた」と言います。

子どもや妻が家でどんな様子だったか、ほとんど知らなかったことに気づいたAさんは、第二子誕生のとき初めて1年間の育休を取得しました。

育休に入る前は「時間がつくれる」「家事だって余裕だ」と思っていたそうです。しかし実際は自分が使いたいところに使える時間はどこにもありませんでした。

Aさんは論理的思考で家事や育児をタスク管理しようと、奥さんと自分で家事・育児の分担を試みたそうです。最初は「上の子の保育園の送り迎えと風呂掃除、ゴミ捨ては僕がするから」と張り切っていましたが、子どもの急な発熱や理由の分からない長時間の大泣きなど、想定外の出来事が起きるのが当たり前の育児ではもちろんうまくいかず、育児の苦労がようやく分かるようになりました。

すべてが自分の想像を上回る大変さで子どものペースに合わせて動く毎日です。3カ月ほどして、次第に子育てに自分の理想的なスケジュールを押し付ける発想がずれていることに気づいたAさんは家族で生きることを考え始めました。

この話を客観的に聞くと「家族で生きるなんて、そんなこと大前提のことだろう」と思えますが、言うは易く行うは難しです。それまでのAさんは、父親でありながら、どこか個である自分を優先していました。しかし、彼は家族を軸に据えました。Aさんはここで覚悟を決めて、考え方を大転換したのです。

一つは、「諦める覚悟」です。Aさんの趣味は読書で、いつも暇を見つけては本を片手にしていました。最初は、子どもを抱っこしながらでも本を読もうとしましたが、ページがうまくめくれず、さらには少しの手の動きで眠りかけていた子どもが起きてしまうこともしばしばあったそうです。

そこで紙の本を諦めて、音声で本を読み上げてくれるオーディオブックに切り替えました。それでも物語に没頭できるのは、子どもが寝ている時間のみです。Aさんは「子どもが起きているときは、基本的に自分の時間を取ろうとしないことに決めた」と言います。

家庭のことはすべて二人で考える

また、Aさんは「家庭を守る覚悟」についても強く考えるようになりました。結婚前、二人で過ごしているときは細かいことをなにも考えなくてもなんとかなるケースが多くあります。

しかし、結婚して子どもが生まれて家族になると家族として、どう生きるか、どんな家庭を築き、守っていきたいかなど、ある程度、方向性や家族と足並みをそろえなければならないことに気づきました。「特に育児の場合は、生まれた子どもにどう育ってほしいかについて片方の意見を押し付けず、夫婦間で共有する必要があると考えた」と言います。

例えば、Aさんの家ではおもちゃが多くあり、部屋全体がいつも散らかっているという問題がありました。何度も言い聞かせたり、片付け方を工夫したりしましたが、一向に効果がありません。これでは親も子もストレスが溜まる一方です。

Ａさん夫婦は、この問題の本質である「子どもたちをどう育てたいか」を考え、思い切って本当にお気に入りのおもちゃと知育系のおもちゃ以外を処分することにしました。おさがりでもらうものや、保育園で手作りしたものについても、一定期間で捨てると決め、おもちゃを出して遊んでいいエリアもリビング横のスペースに限定しました。「我が家の哲学」を決めたことで、おもちゃを買う段階から考え方や行動が変わるようになり、心もすっきりしたと言います。

この例に限らず、Ａさんは仕事であれば一つひとつに目的があってすぐに取り組んでいることも、家族での話となるとなおざりになりがちであることに気づいていきます。

「適当に考えておいて」

「なんでもいいよ、任せるよ」

以前はそう言っていた自分を反省し、夫婦二人で一つひとつ方針を決めていくようになったそうです。

「任せるよ」

あなたもそんな悪気のない言葉を、ついつい家庭で使っていないでしょうか。

一度は覚悟を決めて築いた家庭なら、家族のために生きること、できることを二人で考えていきます。こんな話をすると、じゃあ毎月家族会議をしようと決める夫婦がいますが、私はそれが必ずしも正解とは思いません。家族会議をすること自体が目的ではなく、二人で一緒に家庭について関わり、責任をもつことが大切なのです。

「今なら話せる」という二人のタイミングで会話の数を増やし、本当になりたい家族像を見つめてみます。意見がぶつかる場合は、落としどころや妥協点を探る方法があります。難航しても諦めず、地道なコミュニケーションを継続することが大切です。

一人じゃなかったんだ、もっと早く頼ればよかった

第三子が生まれる頃、Aさんの奥さんにも変化がありました。それは、「『孤育て』をしない」ということです。何事も一人でなんとかしようとするのをやめて、「人を頼る覚悟」ができるようになったそうです。

第一子が誕生したとき、Aさんの奥さんは私が産んだ子どもなのだから、自分の力でやらないといけないという思いが強くありました。

こうした「謎の思い込み」にとらわれる母親は多くいます。責任感が強く、優しい性格の人ほど申し訳ない、手抜きをしてダメな母親かなと悩んでは、一人で抱え込んでしまうのです。Aさんの奥さんの場合は、子どもの乳児湿疹が不安を助長していました。

心配で預けるなんて考えられない義父母にでさえ、触られるのも嫌だという状況が1年ほど続いていたのです。結果、Aさんの奥さんは自分ばかりが育児や家事に追われている気持ちになり、休日家で休んでいる夫に対してついイライラしてしまいました。自分に余裕がないので、子どもたちにゆとりをもって接することができず、空回りしてばかりいたのです。

そんなAさんの奥さんも、3人目を産むときには、「さすがに一人ではキャパオーバーだ」と自分から積極的に外へ出るようになりました。

近所の公民館で催されていた子育てママの集いには、最初は抵抗を感じながら参加していましたが、同じ悩みを抱え共感し合える母親たちに出会い、「一人じゃなかったんだ。もっと早く来ればよかった」と肩の力が抜けたと言います。

そこからは、地域のコミュニティに顔を出すようになり、家事代行サービスや行政の支援、実家、友人からのサポート、カウンセリングなども積極的に受け入れられるようになりました。

プライドや子どもを思う気持ちも大切ですが、もっと大切なのは子どもの幸せです。自分を大切にしながら、ピンチのときには夫婦二人で一緒に音を上げて、ともに「人に頼る」ことも大事な判断なのです。

子育てが楽になったのは、二人が成長したという証

子どもが3人いれば、個性も3とおり、幸せもハプニングもあります。「3人の子どもを育てるのは大変そう」と思うかもしれませんが、Aさん夫婦は今がいちばん余裕をもって子育てができていると言うのです。

それは1人目の経験が2人目に、2人目の経験が3人目に活かされているからです。そして何よりも、子育てを経て、親として、夫婦として、二人が成長しているのです。

成長とは、つまりは「変化する」ことです。ここでいう変化は、「新婚当初のようにラブラブでなくなる」という意味ではなく、「家族としての覚悟」「夫婦としての覚悟」を決

めて、むしろ本当の意味で仲が深まった状態を指します。

成長した二人の育児は、「大切にすべきところ」と「そうでないところ」がはっきりとしていて、手の抜きどころが明確です。もちろんすべてが完璧とはいきませんが（完璧な子育てができる人などこの世に存在しません！）、心にゆとりがあるので、トラブルが起きても、対処をしながら昔を懐かしく思い出すくらいの余裕があります。

育児に限らず、最初からなんでもできる人はいません。子どもを育てながら、夫婦二人も一緒に成長をしていくものなのです。

Aさん夫婦のように、子育てが楽になったと感じられるようになるのは、子どもたちと一緒に二人が成長したという証です。その積み重ねが、子育てを終えてからも二人をつないでいくかけがえのない絆になります。

【体験談2】

子どもが小さいときほど、奥さんに寄り添う

初めて妊娠が分かったとき、毎回健診に付き添って、奥さんと仲良く過ごしていたBさん。もともと心配性な性格で、出産前に専門誌やネットでさまざまな情報を調べて、献身的なケアができるようにと準備を進めていました。

そんなBさんが第一子誕生後に大切にしていたのは子どもが小さいときほど、奥さんに寄り添うことです。Bさんのこの行動は、自分よりも先に結婚し、子育てを経験した友人からの助言があってのものだったそうなのですが、これには私も大きくうなずきました。

子育て中の妻に対して夫ができることは、育児の大変さを理解し、母親としての妻の気持ちに寄り添うことです。むしろ、これしかできることはないといっても過言ではないほどに男は無力です。

では、具体的に何をしたのかというと、Bさんはとにかく会話を大切にしました。仕事から帰ってきたら、今日どうだった?大丈夫だった?と、奥さんと子どもの1日を聞い

て、話し相手に徹します。夜泣きで起きて、寝かせるまでの間も、奥さんに任せて寝るのではなく、一緒に起きて交代に抱っこをしながら話をしていました。

そのときに話すのは育児のことよりも、どうでもいい話をメインにしました。さっき見かけたネットニュースの話や昨日見た夢の話、明日の天気のこと、週末に行きたいカフェの話など、話題はなんでも良いので、会話量を大切にしていたと言います。

夫婦は一緒に困難を乗り越えるパートナーでもありますが、同時に、一緒にいて楽な相手、長い時間をダラダラ過ごす気の置けない仲間でもあります。なので、オチのない話、くだらない話、結論のない話をとことんしたBさんは賢明だったと思います。

ここで大切なのは、男性的な思考で「要はこういうことでしょ」などと言いくるめないことです。これをされると相手とのキャッチボールがストップしてしまいます。有意義か論理的かは求めず、会話を続けること、増やすことが大切なのです。

こうしたコミュニケーションが多いと夫婦間の仲の良さはもちろん、子どもの発語能力や興味関心の高まりが期待できます。

どんなときも愛をもって互いを許し合う

順調に二人で子育てをスタートさせたBさん夫婦でしたが、もちろん意見が食い違うこともありました。

例えばおもちゃや服を選ぶとき、デザイナーであるBさんは、値段や用途よりもデザインの良いものに目がいきます。一方で奥さんは、見た目より実用性を重視していました。こうした状況になったとき、Bさんは奥さんの気持ちを尊重する「許す覚悟」で臨みました。

Bさんが特に気にかけたのは、すべてを相手に丸投げするのではなく、「多少意見は言うけど、最終的には妻の意見に合わせる」スタンスでした。

ここは重要なポイントです。職場でも自分の担当でないものは関係ないという考え方がダメなのと同じで、育児も夫婦が二人ですべてに関わることが大前提です。夫には夫の「良かれ」があり、妻には妻の「良かれ」があります。子どもに不幸になってほしい親なんていないのです。だから、意見が違っても、その違いを受け入れることが大切なのです。

よく、夫婦は一心同体といいますが、現実的に、これは難しいと私は考えています。どんなに親しくても、妻と夫は一体ではありません。別々の肉体をもち、別々の感情をもっているあくまで他人なのです。

これを勘違いすると、相手の反応が気になって自分の気持ちをうまく表現できなかったり、相手が自分を幸せにしてくれると期待したりと、支配したりされたりの関係になってしまう可能性が高まります。

「ドライな関係になれ」という意味ではありません。相手は他人であると同時に、好きという気持ちで結ばれた、かけがえのない人です。ほどよい緩さを大切にして、相手の意見に「仕方がないなぁ」と互いに許し合い、常に味方でいる感覚を大切にしましょう。

感情的になってしまった……

ただでさえ忙しい朝、親は自分の準備もそこそこに子どもを起こして朝食を用意したり、身支度を手伝ったりと、毎日めまぐるしく過ごしています。普段は温厚なBさんですが、この日ばかりは少し焦っていました。前日の仕事でトラブルがあり、子どもを保育園まで送ったあとに遅れられない打ち合わせがあったからです。

「……パパー、聞いてる？」

「ん、ごめん、考え事してた。なんだっけ」

「あのね、さっきテレビにねー……」

「（なんだテレビの話か）そっか、そっか。早くご飯食べて服着替えてよー」

「えー」

「ほら、今日パパ大切なお仕事あるから！」

「はーい……」

終始考え事をしながらも、無事に息子を保育園へ送り届け、打ち合わせに間に合ったBさんは、トラブルも一件落着し、ほっとした気持ちで帰宅しました。いつもどおり、夕食を囲んでいると息子がじーっとこちらを見つめています。笑顔で、「どうした？パパの顔になんか付いてる？」と聞くと、一言、

「朝のパパ、プンプンしてたね」

思いもよらぬ言葉にBさんはぎゅっと胸を押しつぶされるような気持ちになりました。

朝のほんのわずかなやりとりで、自分ではいつもどおりを装ったつもりだったのですが、子どもはしっかりとお父さんを見ていたのです。幼児でもいろいろなことを感じ取っているんだと気づかされたBさんは、申し訳ない気持ちになって、反省したといいます。

似たような状況はどの家庭にもあると思います。親の気持ちなどおかまいなしの子どもに、つい一過性の感情で当たるように接したり、イライラして叱ってしまったりすることは決して珍しくありません。私自身も我が子へ同じ経験があります。吐き出して少しあとになって、もっと優しい言い方はできなかったか、どうしてあんな言葉を掛けてしまったのかと思ってしまいます。

その瞬間、つい感情をコントロールができず、自分の都合を押し付けたと気づくことができれば、それほど深刻に自分を卑下する必要はないと私は思っています。もちろんこれが毎日のように続いたり、暴力が加わったりすると別の話ですが、計らずも起きてしまった事故程度の話であれば親の大きな愛情で子どもたちには分かってもらえるからです。

絶対にイライラしない、なんてダメな親なんだ、そう思い込むと、かえってストレスが大きくなります。自分を許す自己受容で、「まぁこんな日もあるか、ごめんね」と気持ちを切り替えていくことが大切です。

一事が万事のタネ!「ホウレンソウ」をサボらない

こうした親子二人きりの場面で起きた些細なトラブルも、Bさんは奥さんへ報告するようにしていたと言います。

これはすばらしいことだと思います。わざわざ報告をしなくても何も問題ないレベルの話と感じる方も少なくないと思います。しかし妻の立場で考えると、こうしたことをあとで知ることになったら、夫婦間のいざこざに発展する未来が簡単に想像できてしまいます。

子どものことはすべて二人で考えることです。「子どもの問題が起きたら二人で乗り越える覚悟」を思い出し、どちらかのせいにせずに子どもの問題は二人の問題ととらえて向き合っていく覚悟をもってほしいと思います。たとえ小さなことであっても、問題を夫婦二人で共有することが重要なのです。

その意味で、特に子どものことに関しては、報告、連絡、相談、いわゆる「ホウレンソウ」を大切にしましょう。

これを早いうちに癖づけておくと、子どもが成長していく過程で生じる変化や壁にもすぐに気づくことができます。また、親同士が家で報告、連絡、相談をしている姿を見て育った子どもは、自然と自分から報告、連絡、相談をするようになります。

たかが「ホウレンソウ」とサボってはいけません。しっかりと共有を続ければ、Bさん夫婦のように意識しなくても、子どものことを自分事として行動ができるようになるはずです。

【体験談3】

何もかも準備不足でケンカ勃発……

「うそ、できちゃった……！」

妊娠をきっかけに結婚に踏み切ったCさん夫婦ですが、当時夫のCさんは23歳、定職に就かず実家で暮らしていました。奥さんは24歳、一人暮らしをしながら小さな企業に勤めていた若手社員です。仕事にようやく慣れ始めたタイミングでの妊娠でした。

大好きな彼との子どもを授かったことに大きな喜びを感じる半面、急な妊娠と結婚に戸惑いを隠せません。慌ただしく夫に就職先を見つけてもらい、入籍と同時に新居へ引っ越し、二人での生活がスタートしました。

夢に見た幸せの新婚生活のはずが……予期せぬ些細なことからケンカが始まります。

「洗濯物、お願いしたいんだけど……」

「あー。俺、洗濯機の回し方分からないわ」

「え……。（まじか）ボタンを押すだけだよ」

「ボタンってたくさんあるじゃん。押すだけなら、やってくれたほうが早いよ」
「は？ 自分で調べるとか、『教えて』って聞くとか方法はほかにもいろいろあるでしょ？ 覚える気ないの？」
「そういうわけじゃあ……。というか、そんなにケンカ腰で言わなくてもよくない？」
「だって、あなたが悪いんでしょ!!」

結婚するまではちょっとした言い合いすらしたことがなかったのが嘘のようにヒートアップ。次第に家中にものが飛び交い始めます。「ケンカするほど仲が良い」という言葉がありますが、ここまできてしまえば感情のぶつけ合いでしかありません。

当時を振り返ってCさんは、「『ちゃんとしなきゃ』という自覚はあったけど、何をどうしていいのか分からなかった」と話していました。安直で無責任な言葉に感じますが、素直でストレートな気持ちだと思います。

Cさんの状況を客観的に見れば、急に彼女の妊娠が分かって、結婚をして、23年間暮らした実家を出て、そのうえ仕事も始めたばかりです。彼にとっては重過ぎるプレッシャーとストレスが一度に覆い被さっていました。

奥さんは、「言わなくても分かってほしかった」と言葉足らずなところがあったと振り返ります。本当はつわりできついという自分の弱みを隠し、家事くらい当たり前にできてほしいという理想論を夫に押し付けていたのです。

どちらの気持ちも十分に理解できます。しかし、それらを一方的に相手にぶつけてしまえば関係は悪化するに決まっています。この状態は親になる以前の問題です。

そうならないためにも、二人で覚悟をしてほしいのです。例えば、妊娠が分かった時点で、子どもを産み育てることに一緒に向き合い、未来についてしっかりと話し合う、この切り替えが覚悟を決めるということです。

残念ながらどんなに年齢を重ねても、何度結婚してもこれができない人もいます。逆にいうと、最も大切な「家庭を守る覚悟」を決めるのに、年齢や婚姻関係の有無は関係ありません。

若くても自分たちで考えて立派な育児をしている夫婦はたくさんいますし、「授かり婚」をきっかけに親になる覚悟が決まり、人が変わったように大人になる人もいます。まずは二人で覚悟を決めて、二人で親になる準備を進めていく必要があるのです。

第一子出産時、いちばんの心配事は金銭面だった

第一子の出産が近づいてもCさん夫婦の不安は尽きませんでした。特に財布の紐を握る奥さんの頭を悩ませたのはお金の問題です。

急な妊娠と結婚で、何も準備ができていなかったCさん夫婦ですが、出産育児一時金として国から42万円が支給されると知りひと安心しました。しかし支給申請や支払いが産後になるとは知らなかったため、健診や出産、入院の費用を立て替える資金に困ったCさん夫婦は、お互いの親から数十万円ずつお金を借りることにします。

無事に出産を終え、出産育児一時金を受け取ったものの、ほとんどが立て替えていたお金に消えてしまい手元に残ったのはほんのわずかでした。これから始まる育児や産後の生活に掛かるお金は、主に夫の給料と児童手当に頼ることになります。

質素ながら幸せな家庭を築く毎日のなか1年が経とうとした頃に、奥さんは夫の異変に気づきました。娘に対して暴言を吐くようになったのです。

「絶対におかしい」

奥さんには心当たりがありました。そういえば、ここ最近仕事への愚痴が多くなっていて、常にイライラしていたのです。

症状を見てすぐにうつ病ではないかと思った奥さんは、夫を心療内科へ連れて行くと、診断結果は「適応障害」でした。生活環境が大きく変わった際に発症しやすい典型的な病気です。会社に診断書を提出して、3カ月ほど休職をすることになったCさんは家での休養で少しずつ症状が落ちついていきました。

夫の症状の緩和に安心する一方で、傷病手当のみで暮らす生活に内心ヒヤヒヤでした。考えれば考えるほど、必要なお金がどんどん思いついて、このままで大丈夫かと将来に不安を感じてしまいます。

使えるものを使わない手はない

Cさん夫婦のようなケース以外にも、

「共働きで妻が働けず、世帯年収が減った」

「シングルマザーで無職となり収入も貯金もない」

「妊娠前の検査や不妊治療などでお金が掛かった」

など、お金に対する不安やストレスを抱える夫婦は多くいます。

実際、出産や子育てにはお金が掛かります。これは昔から変わりありません。妊娠・出産は喜ばしいことで病気ではないため、健康保険が適用されないからです。また、妊娠中の女性はホルモンバランスや身体の変化でとてもストレスを感じて不安になる時期です。子どもを思えば思うほど、女性は特に金銭面の不安や将来へのストレスが大きくなってしまいます。

こうしたときこそ、「人を頼る覚悟」を思い出してください。まずは、何よりもパートナーを頼ります。一方にプレッシャーを押し付けるのではなく、「ここに不安を感じている」と共有し、一緒にどうしていくかを考えます。

例えば、いきなり「数百万円が必要!」という大きな課題を考えるよりも、一緒に固定費を見直してみたり、赤ちゃん用の服やおむつなどの消耗品の購入方法を考えてみたり、小さな課題から向き合っていくと意外な無駄遣いに気づくことがあります。また、二人で考えた結果、Cさん夫婦のように互いの両親に相談をするというのも方法の一つです。

両親は基本的には自分たちの味方になってくれる存在です。妊娠出産でお金が掛かることも当然理解しています。なんでもかんでも頼るというのは違いますが、本当に困っていることについては、話をするだけでも気持ちが晴れることもあります。

「人」以外にも、日本では出産や妊娠中に使うことができる助成金や出産の一時金などの制度があります。これらは積極的に活用していくのが良いです。

世界の子育て支援と比べると、日本はまだまだ後進国だと私は考えています。「支給額」や世帯所得制限の条件、支給のタイミングなど多くの課題があるからです。しかし、使えるものを使わない手はありません。今後さらに手当が充実し、出産について女性が自分の思いを諦めずに選択できる環境になることを切に願います。

面白がって二人の正解を見つける

第一子出産時は、ケンカや不安が絶えなかったCさん夫婦も3年後の第二子が生まれる頃には、少しずつ変化を遂げていました。

Cさんは、いまだ慣れない育児に不器用ながらも奮闘しており、最初はぎこちなかった子どもの抱き方は、少しずつ肩から力が抜けてすっかりパパになってきていました。また、仕事面では、「やりたい仕事が本社にある」と次のステップへの野望を抱くようになっていたのです。

第二子が誕生した1カ月後、念願の本社異動が決まったCさんは単身赴任となり、産後2カ月頃から奥さん一人での子育てがスタートします。

3歳と0歳の二人を相手にいわゆるワンオペ育児でした。ぐずる赤ちゃんの相手をしていると、上の子が何かをやらかしています。「遊んでくれ」と嫉妬していたのです。こうした状態は、赤ちゃん返りといって、親や周囲からの愛情を確かめたり自己肯定感を獲得したりする意味合いがあるといわれています。

今までできたことを「できない」と言い出したり、抱っこを要求したりと、わがままや欲求を主張することが増えるのです。

Cさんの家庭もそうでした。上の子にしてみれば、「急に赤ちゃんが来て、ママが構ってくれない。でも、ママは赤ちゃんのお世話で手いっぱい」という状況です。これではストレスが溜まって当然で、上の子の赤ちゃん返りは、しばらく続いたといいます。

とはいえ、最初の妊娠のときのような悩むことや不安はなく、二人を愛おしく思えた奥さんは「大変なのは今だけで、なんとかなる」と直感していました。客観的には大変に思えるワンオペ育児も、一人だから晩ご飯の準備が自分のペースでできる、週末は単身赴任先から帰ってきた夫に子どもを任せて自分一人の時間を楽しめると、ポジティブにとらえて過ごせたのです。

そして、1年が経ちました。夫の単身赴任先に家族みんなで引っ越すことになり、新しい土地で新しい生活を始めるのをきっかけに、Cさん夫婦は改めて二人の関係を見つめ直したといいます。

最も課題になったのはケンカです。二人だけであれば、言いたいだけ言っても他人に迷惑をかけることはなかったものの、子どもがいるとなると、そうはいきません。

両親が怒鳴り合う、もしくは一方的に怒鳴られる親の姿を見た子どもは、恐怖心を抱くようになります。これが家の中で繰り返されれば、子どもには逃げ場がありません。その結果、常に不安な状態になり、親の言い争いを見ては、自分が良い子じゃないから両親はケンカしている、自分がいなければ家族は幸せだと、極端な考え方に陥ってしまうこともあるのです。

Cさん夫婦は過去の経験から、ケンカの原因になることを見つめ直し、二人の「マインドマップ」をつくったそうです。互いにどんな考え方をしていて、こういうときにはどんな行動をしてほしいかという細かいところまで徹底して共有しました。これは、まさに「違いを認める覚悟」です。相手を受け入れて、場合によっては面白がって二人の正解を見つけることが大切です。

子どもの幸せを想った二人の覚悟は、夫婦の絆も深めました。今では、Cさんが育児だけでなく家事も率先してやるようになり、奥さんは仕事に復帰することができ、支え合い、幸せを分かち合える家族になりました。結婚や出産を通して、覚悟を決めたことで、生き方が変化していったのです。

おわりに

あれは、私がまだ医師になったばかりの頃でしたから、今から40年以上も前の話です。当時、東野産婦人科はまだ父が経営していて、私は九州大学病院で働いていました。

「うちの患者さんで、そっちで診てほしい人がいるんだ」

父が言うには、「少し血圧が高くて貧血もあるので、血液を検査してほしい」とのことでした。今では妊婦の健康状態の検査は当然のことですが、あの頃は妊娠・出産があまりにも普通のことで、精密な検査を行うこと自体、少し珍しいことではありました。

ただ、妊婦の高血圧や貧血自体はよくあることです。すぐに受け入れの手続きをした私は、上司から「お父さまの病院からのご紹介だから」と主治医を任されることになりました。

血液検査のデータが映し出されたモニターを見て、

「白血球がちょっと高いけど、妊婦であれば大きな問題ともいえないか……」

そう一人でつぶやきながらも、同時に妙な胸騒ぎを抑えることができませんでした。何かおかしい……もう一度、数値を確かめた私は、目を見開きました。

「ちょっと待て。これ、一桁違うじゃないか！」

白血球の数値がなんと９０００しかない。妊婦であれば正常の値といえる「９０００」と見間違えていたのです。つまり白血球が正常値の10分の1しかありません。

他の数値も見てみると、15万程度はあってほしい血小板が1万以下でした。

「パンサイトペニアか……」

汎血球減少症――彼女が血液の病気であることは確実です。

すぐに血液内科の医師と連携し、さらに詳細な診断をするために骨髄穿刺を行いました。もたらされた結果は耳を疑うものでした。

「東野先生、この患者さんは2日後に亡くなります」

「まさか……あんなに元気なのに」

「ええ、今はまだ。でも、急性前骨髄球性白血病なので、適切な処置を施さなければ、これからの48時間で急速に悪化します」

「え！　急性前骨髄球性白血病なんですか」

急性骨髄性白血病ではなく、「前」骨髄球性白血病――思わず私が聞き返したのは、それが非常に稀な病気だからです。学校では習いましたが、まさか自分がこんな形で向き合うことになるとは思いませんでした。

想定外の事態に驚きながらも、主治医として、産婦人科医としてこれからのことを考えなければなりません。

妊娠34週で、当然、出産する状態には至っていませんが、母親の命が途絶えれば、お腹の子も産まれることができません。

子どもの命はなんとか救いたい、ただ、陣痛促進剤を使用するにも、出口を柔らかくする処置などで1日、ないし2日は掛かります。残された時間を考えると現実的ではありませんでした。

そうなると、帝王切開手術しかありません。ただし、血小板が少ないので出血が止まらず、手術中に母体が出血多量で命を落とす危険性が高い、究極のジレンマです。

急きょ、病院に呼ばれたご主人は私たちの説明を聞き、激しく動揺しながらも、帝王切開という選択をされました。「様子を見る」という時間的猶予はありません。急性前骨髄球性白血病は寛解の可能性が低いことを鑑みて、「せめて、お腹の子の命だけでも」という苦渋の決断をされたのだと思います。

その決断を受けて、手術はすぐに始まりました。メスで腹部を切開すると血液が湧き上がって、止まりませんでした。大量の輸血をしながら、薬剤を投与し、極めて困難な状況のなかで赤ちゃんを取り上げて手術は成功しました。

赤ちゃんはもちろん早産で未熟児ですがなんとか元気で、小児科病棟で管理されることになり、一方、お母さんは産婦人科病棟で治療することになりました。

それから主治医である私は病院から離れることができませんでした。容体に少しでも変化があれば駆けつけて処置を施し、ほぼ徹夜の状態が続きました。

1週間が経ちました。お母さんはさまざまな手当の甲斐もあって危機的状況からは脱することができ、血液内科に移ることになったのです。彼女を車椅子に乗せて、私はともに手を尽くしてくれた産婦人科のスタッフと見送りに立ち会いました。

そのとき病院の計らいで、小児科から看護師が赤ちゃんを連れてきてくれました。初めての対面です。

「ほら、あなたが産んだ赤ちゃんですよ」

お母さんは目に涙をいっぱいに溜めて、それでもとても美しい笑顔で、我が子を胸に抱きました。

ほんの1分ほどのことだったと思います。

もしかしたら、これが永遠の別れになるのかもしれない――そう思うと、見守っている私の胸も押しつぶされそうでした。

その後、お母さんは半年ほどでこの世を去りました。症状から考えれば、奇跡的にもち堪えられたと思います。主治医を離れた私は詳細を知りませんが、お子さんとも何度かは会えたと思います。

このエピソードは、私の胸に深く、深く刻まれました。

女性が妊娠し、出産するということは、決して当たり前じゃない。母子ともに健康で、親子になれること、家族をつくれることはとてつもなく幸せなことなんだ。

心からそう思えたのです。

だから、ひとたび夫婦になった二人には、さらには子どもを授かった二人には、簡単に別れてほしくありません。本当に尊く、幸せなことだと認識して、感謝の気持ちを忘れない夫婦であってほしい、そんな思いから筆を執る決意をしました。

もちろん、そういっている私自身、常に感謝の気持ちで妻や子どもたちと向き合えているわけではありません。これまでの自分の言動についても、反省することばかりです。理想の夫、父親からは程遠いのかもしれませんが、だからこそ、より良い夫婦のあり方について、考え続けることができたともいえます。

執筆に取り掛かるにあたって、長男が生まれたときの出産ビデオを見返しました。私自身が長男を取り上げたのですが、父親としての感動よりも産婦人科医として仕事をやり終えた達成感と安堵を覚えたことを思い出しながら、モニターを眺めていました。

画面の動きを追っているうちに、後日妻から「あの子が生まれた瞬間、あなたはどう思ったの？」と問われたことを思い出しました。「ほっとした」と正直に答えたら、「ほかに何かないの？」と返されたのでした。確かに彼女の言うとおりなのですが、医師としては無事に出産を終えたことに意識が集中していました。それが本音です。

しかし、それは私の勘違いだったのです。

映像がまさに我が子を取り上げるシーンまで進んだとき、モニターの中の私の表情には「ほっとした」以上の感情が溢れていたのです。それは隣にいる妻に負けないくらいの、幸せそうないい表情でした。

私はこの表情を数え切れないほど見てきています。それは出産に立ち会ってきたほとんどのご夫婦が見せる、神々しい笑顔だからです。自分自身も同じような表情をしていたことに、私は改めて幸せな気持ちになりました。

二人の間に生まれた命の誕生を喜び合う、他では見られないすばらしいシーンです。

「その笑顔を忘れずに、二人で幸せな家庭を末永く築いていけたら……」

それは夫として、父としての私自身の願いであり、産婦人科の医師として、関わるすべてのご夫婦に「かくあれかし」と願う、偽らざる思いです。

結婚も出産も、時代によってさまざまな形に変化していきますが、ただ一つ、間違いないのは結婚や妊娠、出産というライフイベントのなかで、誰しもが困難な壁にぶつかることです。

その壁は夫婦がお互いの「違い」を理解し、受け入れることで必ず乗り越えることができます。

人間とはいくつになっても未熟な生き物です。それをお互いに指摘し合うのではなく、未熟な部分や自分とは違う部分を認め合いながら子どもを育てていきます。それが私たちの人生に与えられた大切な仕事であり使命だと思います。そして、その使命をまっとうするためには「覚悟」が必要です。

この本に書かれていることは、どの時代にも、どの夫婦にも当てはまる正しい答えとはならないと思います。私はそれでいいと思っています。そもそも夫婦関係や子育てに正解はないのです。

大切なのは答えが見えないときに、夫婦二人で話し合いながら自分たちに合った最適な選択を見つけ出すことです。

そうやって一つひとつ壁を乗り越えることで、二人の絆と覚悟はより強いものとなっていくと思います。

夫婦が互いを補い合いながら成長していく「覚悟」を決めるために、本書が役に立ってくれれば、それほど、うれしいことはありません。

東野純彦（とうの あつひこ）

東野産婦人科院長。1990年国立福岡中央病院に勤務後、東野産婦人科副院長に就任。その後、麻酔科新生児科研修を行う。1995年に同院長に就任。東野産婦人科では〝女性の一生に寄り添う。これまでも、これからもずっと。〟をテーマに、妊娠・出産・育児にかかわらず、思春期から熟年期、老年期まで女性の生涯にわたるトータルケアを目指す。お産については家庭出産と医療施設の安全管理の長所を活かした自然分娩を提唱。フリースタイル分娩、アクティブバースの推進など、母親の希望の出産に合わせてサポートしている。また、赤ちゃんとの関わり方が分からない父親のための「赤ちゃんサロン～パパ＆ベビークラス」や、育児における父親の役割を学ぶための「父親教室」なども開催。子育てに取り組む夫婦にしっかり寄り添うクリニックとして定評がある。

本書についての
ご意見・ご感想はコチラ

幸せになる覚悟　夫婦がうまくいくための考え方

二〇二三年三月一六日　第一刷発行

著　者　東野純彦
発行人　久保田貴幸
発行元　株式会社 幻冬舎メディアコンサルティング
〒一五一-〇〇五一　東京都渋谷区千駄ヶ谷四-九-七
電話　〇三-五四一一-六四四〇（編集）
発売元　株式会社 幻冬舎
〒一五一-〇〇五一　東京都渋谷区千駄ヶ谷四-九-七
電話　〇三-五四一一-六二二二（営業）
印刷・製本　中央精版印刷株式会社
装　丁　小野大作

Printed in Japan　ISBN 978-4-344-94141-0 C0077
幻冬舎メディアコンサルティングHP　https://www.gentosha-mc.com/